SÉNAT

EXTRAIT DU *JOURNAL OFFICIEL* DES 2, 3 et 5 MARS 1880

DISCOURS

DE

M. BUFFET

Séances des 1er, 2 et 4 Mars 1880

DISCUSSION

RELATIVE A

LA LIBERTÉ DE L'ENSEIGNEMENT SUPÉRIEUR

PARIS

LIBRAIRIE DES PUBLICATIONS LÉGISLATIVES

A. WITTERSHEIM ET Cᵉ, QUAI VOLTAIRE, 31

1880

DISCOURS

DE

M. BUFFET

Séance du 1er Mars 1880

MESSIEURS,

Je dois faire observer à M. le ministre de l'instruction publique qu'il n'a traité qu'une seule des questions soulevées par l'amendement des honorables MM. Chesnelong et Lucien Brun. L'adoption de cet amendement résoudrait, dans un sens contraire au projet présenté par le Gouvernement, les trois questions qui, dans ce projet, font l'objet des articles 1er, 3 et 4 : la question de la dénomination des établissements libres, celle de l'équivalence des inscriptions, et enfin celle de la collation des grades.

Ces trois questions ont d'ailleurs entre elles,

au point de vue où je me place, une telle corrélation, une telle connexité, que, dans le cas même où la discussion se serait engagée, non sur l'amendement, mais sur l'article 1er du projet de loi, qui ne parle que de la collation des grades, j'aurais été obligé, pour être clair, de demander au Sénat la permission d'établir les rapports intimes de cette question avec les deux autres. Cette connexité est d'ailleurs parfaitement reconnue par M. le ministre de l'instruction publique.

En effet, dans l'exposé des motifs de son projet de loi présenté au Sénat, M. le ministre dit :

« La suppression des jurys mixtes entraînait nécessairement la suppression des équivalences en fait d'inscriptions, ainsi que l'usage des titres de faculté et d'université par d'autres établissements que ceux de l'État. »

Nous sommes donc, M. le ministre et moi, en désaccord complet sur la solution de la question, mais parfaitement d'accord sur la manière de la poser, — avec une réserve cependant.

Il est très-vrai que, si vous supprimez la collation des grades par les jurys mixtes, le titre d'université accordé, dans certaines conditions, à des établissements libres semble n'avoir plus d'objet ; si vous supprimez l'équivalence des inscriptions, il en sera de même du titre de facultés. La corrélation de ces trois questions : dénomination des établissements, équivalence des inscriptions, participation à la collation des grades, est une des raisons principales, celle sur laquelle, si je ne me trompe, on a le moins insisté jusqu'ici, celle sur laquelle je désirerais, pour ce motif, appeler particulièrement l'attention du Sénat, à l'appui du système de la loi de 1875.

Pour rendre ma pensée plus claire, je suis

obligé de renverser l'ordre des questions et de
parler d'abord des titres de faculté et d'université accordés à certains établissements.

Il semble, messieurs, qu'il n'y ait là
en quelque sorte qu'une question de mots; il
semble même, — d'après le premier exposé
de motifs, celui de la Chambre des députés, —
que le Gouvernement, en proposant la suppression des noms d'université et de faculté
et en les remplaçant par celui d'écoles, n'ait
eu d'autre but que de mettre le vocabulaire de
la loi de 1875 en harmonie avec celui de la loi
de 1833. C'est du moins la seule raison que
donne M. le ministre dans l'exposé de motifs. Il n'était pas question, dit-il, en 1833 d'enseignement supérieur, mais la loi de 1833
ayant décidé que les établissements privés
porteraient le nom d'écoles libres, nous vous
demandons d'attribuer la même dénomination d'écoles libres aux établissements d'enseignement supérieur.

J'en demande pardon à M. le ministre,
mais c'est, au contraire, le texte de la loi de
1833 qui est un argument contre ce qu'il propose aujourd'hui. Que fait la loi de 1833 ?

M. le ministre. C'est la loi de 1850, que j'a-
vais citée; c'est sa formule même...

M. Buffet. Vous avez raison, c'est bien de
la loi de 1850 que je voulais parler.

M. le ministre dit : L'article 17 de la loi de
1850 dispose que les écoles primaires commu-
nales s'appelleront écoles publiques, et que
les écoles fondées par des particuliers s'appelleront écoles libres. C'est absolument le
même nom pour les unes et pour les autres,
avec cette seule addition du mot « publics »
aux établissements officiels, et du mot « libres »
aux établissements privés.

Je demande qu'on fasse la même chose

pour les établissements d'enseignement supérieur. Mais ce que je tiens à bien faire comprendre, c'est qu'il y a dans ces dénominations
toute autre chose qu'une question de mots,
toute autre chose qu'un acte de vanité de la
part des fondateurs de ces établissements,
voulant les décorer de titres pompeux, propres à faire illusion, à induire même en erreur les parents qui, trompés par la similitude des titres, pourraient envoyer à des établissements privés des enfants destinés aux
facultés de l'État. Je n'ai pas besoin, je crois,
de répondre à cette objection, qui a été cependant présentée contre la similitude des
titres. Je crois que tout le monde ici, à droite
comme à gauche, reconnaîtra qu'elle n'est pas
sérieuse et que dans les universités où les facultés libres existantes il n'y a pas un seul
élève qui y soit par erreur et dont les parents
aient cru l'envoyer aux facultés de l'Etat.

Non, ces noms de facultés et d'universités
libres ne donnent lieu à aucune confusion; non,
ils ne créent pas d'illusion; mais ils donnent
au public et aux parents une indication, un
renseignement sincère, exact, utile, ils leur
indiquent dans quelles conditions sont consti-
tués ces établissements.

Quand un établissement prend le titre de
faculté, qu'est-ce que cela signifie? Cela indique que les chaires sont occupées par des
docteurs; que le nombre de ces chaires est
égal à celui des facultés de l'Etat; cela indique encore au public et aux parents qu'il y
a des salles de conférences, une bibliothèque,
et, s'il s'agit d'une faculté des sciences, des
laboratoires, des collections, qu'il s'y trouve,
en un mot, toutes les ressources nécessaires
pour que le niveau de l'enseignement soit
aussi élevé que possible.

S'il s'agit d'une faculté de médecine, cette dénomination indique en outre que cet établissement a, pour sa clinique, la disposition de 120 lits dans un hôpital.

Si l'établissement prend le titre d'université, cela apprend au public et aux familles que cet établissement a groupé trois facultés, au moins, constituées dans les conditions que je viens d'indiquer, et que, par conséquent, indépendamment de l'instruction spéciale que les jeunes gens qui y seront envoyés pourront recevoir dans la faculté dont ils suivront particulièrement les cours, ils trouveront encore à leur portée toutes les ressources nécessaires pour compléter leur instruction générale si nécessaire à l'avocat, au médecin, qui ne se contente pas d'être un simple praticien.

Ce titre de faculté et d'université donne non-seulement ce renseignement exact, sincère, qui ne trompe personne, mais en même temps la garantie que les conditions que je viens d'énumérer sont effectivement remplies, car si une seule faisait défaut, le titre de faculté ou d'université serait usurpé, et par conséquent la puissance publique devrait obliger l'établissement à y renoncer. (Très-bien! à droite.)

Vous voyez donc, messieurs, qu'il y a là autre chose qu'une question de mots, puisqu'il y a à la fois une indication utile et une garantie.

Je sais bien que de cette indication et de cette garantie on fait une objection; j'ai entendu dire : « Raison de plus pour supprimer ces dénominations. Comment! la liberté ne vous suffit pas ? Il faut encore que l'État vienne certifier, en quelque sorte, par le nom même qu'il vous laisse prendre, que

vous remplissez certaines conditions propres
à donner crédit à des établissements rivaux des
siens ! » Raison de plus, sans doute, quand on
se met à un certain point de vue, raison de
plus de supprimer pour tous ceux aux yeux
de qui la liberté de l'enseignement supérieur
est un mal. Et M. le ministre de l'instruction
publique me permettra de faire remarquer que
tous les adversaires de cette liberté dans le
Sénat et ailleurs sont tous partisans de son
projet, et leur vive adhésion devrait, ce me
semble, puisqu'il veu' maintenir la liberté, lui
inspirer quelques doutes sur l'exacte confor-
mité de ce qu'il fait avec ce qu'il a l'intention
de faire. (Très-bien ! très-bien ! à droite.)

Le législateur de 1875 s'est placé à un
point de vue bien différent. Il voulait sincèrement la liberté de l'enseignement supérieur, et il entendait non-seulement la procla-
mer, mais la rendre féconde. Aussi, qu'a-t-il
fait ? Il a d'abord donné cette liberté, dans la
mesure la plus étendue, au simple particulier.
Tout Français âgé de vingt-cinq ans, qui n'est
pas privé de ses droits politiques et qui n'a
pas encouru certaines incapacités, le premier
venu, dépourvu de toute espèce d'instruction,
— non-seulement n'ayant aucun diplôme,
mais ne sachant ni lire ni écrire — peut en
droit ouvrir un cours d'enseignement supérieur.

Voilà ce que la loi de 1875 permet ; et vous
m'accorderez bien qu'il est assez difficile de
reconnaitre d'une manière plus absolue la liberté de l'enseignement supérieur. Il y a, il est
vrai, ou il parait y avoir une restriction dans les
deux derniers paragraphes de l'article 2. Il
porte que, toutes les fois que les auditeurs d'un
cours ne seront pas seulement des élèves ins-
crits, qu'on y admettra tous ceux qui s'y pré-

senteront même accidentellement et sans inscription préalable, le cours tombera sous l'application de la loi relative aux réunions publiques.

Pourquoi le législateur de 1875 a-t-il adopté cette disposition? Est-ce pour restreindre la liberté d'enseignement? Pas le moins du monde. L'unique motif pour lequel il l'a admise, c'est qu'on n'a pas pu trouver un autre moyen de distinguer législativement un cours proprement dit d'une réunion publique et d'un club.

M. le ministre nous dit dans son exposé de motifs, que cette précaution lui paraît inutile. Pour moi, je ne fais aucune objection à sa suppression, prononcée par l'article 6 du projet, le seul que j'aie voté dans le sein de la commission, parce que je ne vois pas de raison décisive de repousser l'expérience que veut faire M. le ministre. Cependant, je crains que, s'il doit présider pendant longtemps à cette expérience, elle ne lui crée de très-nombreuses difficultés. Il est en effet frappé, comme le législateur de 1875, de l'inconvénient qu'il y aurait à laisser des cours dégénérer en réunions publiques, en clubs, et il dit, dans son exposé de motifs : On établira la séparation d'après d'autres caractères. Ces caractères ne sont pas très-nettement indiqués dans son exposé de motifs, et le fussent-ils très-clairement, ils ne sont pas mentionnés dans la loi ; et, par conséquent, ils ne pourront servir de règle à l'appréciation des tribunaux.

En outre, je dis que la distinction est absolument impossible dans une foule de cas, du moment que vous faites disparaître la condition imposée par la loi de 1875 ; je ne vous citerai qu'un exemple : quelqu'un demande à faire un cours d'histoire contemporaine ; c'est

1.

bien un cours, mais il y a certaines époques de l'histoire contemporaine qui pourront facilement donner à ce cours l'aspect et le caractère d'une réunion publique. Interdirez-vous dans ce cours des questions trop brûlantes? De quel droit? Il n'est pas non plus interdit à un professeur de permettre à ses élèves de lui poser quelques questions, de lui faire des objections, ni à lui d'y répondre. Si vous ajoutez, et aucune disposition de votre loi ne s'y oppose, que la porte de ce cours pourra rester ouverte ou s'ouvrir à tous les passants qui voudront entrer, sera-ce un cours, une réunion publique, un club? Comment légalement, judiciairement, distinguera-t-on?

Quoi qu'il en soit, vous voulez faire une expérience, je ne m'y oppose pas. Mais reconnaissez que la loi de 1875 avait accepté de la manière la plus sincère, la plus étendue, la liberté de l'enseignement supérieur. Elle avait voulu, il est vrai, faire quelque chose de plus. Une des objections des adversaires de la liberté d'enseignement supérieur avait touché ses partisans.

Les adversaires disaient : Mais de cette liberté que vous demandez au nom de certains principes, il peut résulter des conséquences fâcheuses, et la plus fâcheuse serait l'abaissement du niveau de l'enseignement. Avec cette liberté, vous ne pouvez plus imposer aux élèves l'obligation de suivre les cours des facultés de l'État. Alors qu'arrivera-t-il ? C'est que ces jeunes gens, au lieu de suivre de véritables cours, d'acquérir une instruction solide, seront livrés à des répétiteurs, à des fabricants de licenciés et de docteurs, et vous ne pouvez contester qu'il n'y ait là non seulement le danger, mais la certitude d'un abaissement de l'instruction supérieure.

C'est à cet inconvénient que l'Assemblée de 1875 avait voulu remédier, et comment?

Elle s'était dit : Il serait désirable que cette liberté de l'enseignement supérieur donnât naissance, non pas seulement à des cours isolés, mais à de grands établissements, réunissant des chaires nombreuses, occupées non pas par le premier venu, mais par des hommes d'une science élevée, pouvant dès lors devenir de véritables foyers de lumière et d'instruction.

Pour atteindre ce résultat, qu'a fait le législateur de 1875? A-t-il offert des subventions? Non, messieurs, et s'il avait donné des subventions à ces établissements privés, il n'aurait cependant rien fait de très-anormal.

Dans d'autres pays, dans des pays même où le *self government* est plus entré que chez nous dans les mœurs des populations, où l'on n'a pas l'habitude de recourir à l'État aussi souvent qu'on le fait en France, des établissements privés reçoivent des subventions.

Je ne veux pas parler aujourd'hui des jésuites, nous y viendrons; mais je dirai qu'aux États-Unis, des établissements créés par des jésuites et ayant reçu des chartes de corporation, jouissent de privilèges pécuniaires, d'exemptions d'impôts, de donations; mais laissons de côté cet exemple.

Le législateur de 1875 n'a pas offert de subventions. Loin d'offrir des subventions, il a demandé d'énormes sacrifices. Il a dit : Si vous réunissez des chaires en nombre égal à celui des facultés de l'État, des chaires occupées par des docteurs, si vous avez des bibliothèques, des collections, des laboratoires, des cabinets d'histoire naturelle, si vous faites tout cela, vous pourrez prendre le titre de faculté.

Ce titre, par conséquent, était le prix offert

par le législateur à ceux qui consentaient à
faire ces sacrifices. (Approbation à droite.) Et
vous aurez alors, ajoutait le législateur de
1875, l'équivalence des inscriptions. Si vous
faites plus, si, dans cet intérêt qui est à mes
yeux un intérêt public, vous réunissez trois
facultés constituées dans les conditions que
je viens d'indiquer, vous pourrez prendre le
titre d'université, et, indépendamment de l'é-
quivalence des inscriptions, vous aurez une
participation très-modeste, je ne dis pas à la
collation des grades, mais à l'examen d'après
lequel le grade est accordé.

Voilà ce que le législateur a fait; il l'a fait
pour rendre aussi fécond que possible, dans
l'intérêt général, le principe de la liberté de
l'enseignement supérieur.

Eh bien, aujourd'hui, messieurs, si vous
supprimez ces titres de facultés et d'universités, vous détruisez toute l'économie de la loi
de 1875; vous n'abrogez pas seulement 'les
articles qui sont visés dans l'article 10, dans
l'article final, vous abrogez aussi les articles 5, 6 de la loi de 1875. Ces dénominations
qui vous permettaient d'exiger que certaines conditions fussent remplies disparaissant, l'obligation disparaît en même temps. (Très-bien !
très-bien ! à droite et au centre.)

Désormais, les chaires de tous les établissements privés pourront être occupées par des
docteurs ou des non-docteurs, par des personnes n'ayant aucun grade universitaire. Il n'y a
plus aucune espèce d'obligation de bibliothèque, de laboratoire, car vous ne pouvez laisser
subsister les obligations, alors que vous retirez
les avantages. (Nouvelles marques d'approbation sur les mêmes bancs.)

Si ces considérations ne vous touchent pas,
vous avez certainement le droit de ne plus

offrir pour l'avenir ces avantages aux établissements à naître, avantages bien modestes assurément et qui n'imposaient aucune charge à l'Etat ! Vous pouvez les supprimer pour l'avenir. Mais, je vous le demande, je pose au Sénat cette question de justice, de loyauté, de droiture : Pouvez-vous aujourd'hui les retirer à ceux qui en sont en possession, qui les ont acquis à titre onéreux, très-onéreux, aux conditions mêmes que l'Etat leur avait imposées ? (Très-bien ! et applaudissements à droite et au centre.)

Comment, messieurs, mais je 'uis surpris même que cette seule considération n'ait pas fait écarter dès le principe, au moins quant aux établissements existants, l'application des dispositions du projet de M. le ministre !

Est-ce que l'Etat n'a pas pris un engagement ? Je ne veux pas faire intervenir ici l'exemple, singulièrement choisi, du pont à péage. (Rires.) Qu'est-ce qu'a dit l'Etat ? L'Etat, entendez bien, l'Etat, car l'Etat, c'est l'autorité souveraine, c'est le pouvoir législatif, c'est l'ensemble des pouvoirs, c'est la loi ; quand la loi parle, c'est l'Etat qui parle. (Très-bien ! très-bien ! à droite.)

Qu'est-ce qu'a dit l'Etat ? Associez-vous, faites d'énormes sacrifices, faites ces sacrifices sans jamais avoir l'espoir qu'ils seront pécuniairement rémunérés.

Faut-il vous rappeler avec quel admirable désintéressement ces sacrifices ont été faits ? Que vous n'approuviez pas les principes, les idées au nom desquels ces sacrifices généreux ont été accomplis, soit ; mais quant aux sacrifices, quant à la générosité et au désintéressement de ces sacrifices, tous ici, sur quelques bancs que vous soyez, vous devez les admirer et y applaudir. (Vifs applaudissements à droite.)

Vous avez vu de simples particuliers donner, sous le voile de l'anonyme, des centaines
de mille francs pour fonder des universités.

Eh bien, je demande si vous pouvez, quand
l'État a offert ces conditions et a pris, vis-à-vis
de ceux qui les ont remplies, des engage-
ments formels, quand il leur a dit : Dépensez
des sommes énormes, des millions pour élever
des amphithéâtres, réunissez des professeurs,
faites enseigner par des docteurs...

M. Foubert. Vos professeurs ne sont pas
attaqués.

M. le président. N'interrompez pas, messieurs, veuillez écouter.

M. Buffet. Je ne parle pas des professeurs,
je parle des sacrifices qui ont été faits. Je
vous demande si après tout cela vous pouvez,
pour le passé au moins, ne pas tenir l'engagement que la loi a pris. Ces établissements ont, je
le répète, formé des bibliothèques, des collections, des laboratoires, pour remplir, de leur
côté, exactement les conditions que vous leur
aviez imposées... (Interruption.) Si le Sénat
est fatigué...

Voix nombreuses. Non ! non ! Parlez ! parlez !

M. le président. Veuillez écouter, messieurs !

M. Buffet. Et quand ces conditions sont
remplies, l'État pourrait dire à ces établissements : J'ai changé d'avis ; je vous retire les
avantages que je vous avais promis et dont
vous êtes en possession, avantages bien modestes pourtant ; ce serait, messieurs, je n'hésite
pas à le dire, une monstrueuse iniquité. (Applaudissements à droite. — Rumeurs à gauche.)

Je ne supposerai jamais qu'il y ait une assemblée française (Protestations à gauche. —
Très-bien ! très-bien ! à droite) qui, cette iniquité lui étant signalée, puisse la consacrer.
Vous avez le droit de dire que désormais au-

cun établissement nouveau ne pourra prendre le titre de faculté ou d'université, mais vous n'avez pas le droit de retirer ce titre à ceux qui l'ont acquis aux conditions que vous aviez fixées. (Oh! oh! à gauche. — Approbation à droite.)

D'ailleurs, messieurs... (Interruption.)

M. le président. Veuillez donc faire silence, messieurs.

M. le duc de Broglie, *ironiquement.* Ce doit être toujours par ici qu'on interrompt, on ne dit rien de l'autre côté.

M. le président. Je m'adresse aux deux côtés.

M. Buffet. J'attendrai le silence...

M. Barthélemy Saint-Hilaire. Cela vient de la droite. (Protestations à droite.)

M. Chesnelong. A droite nous applaudissons, et à gauche vous interrompez.

M. Monnet. Nous ne disons rien du tout.

M. Buffet. D'ailleurs, en admettant, — et je le nie pour les établissements existants, — mais enfin, je fais abstraction un instant de ma protestation ; je suppose que vous ayez le droit de retirer à ces établissements comme à ceux qui se créeront dans l'avenir tous les avantages que la loi de 1875 leur avait accordés, à titre onéreux, à titre même très-onéreux ; pour quel motif les retirerez-vous ? Quel inconvénient y a-t-il à ce titre d'université, de faculté ? M. le ministre de l'instruction publique a pris part à la discussion de la loi de 1875, et même à la discussion de la loi de 1876. A toutes ces époques il a combattu la liberté de la collation des grades et les jurys mixtes. En les combattant aujourd'hui, il ne se met pas, je le reconnais, en contradiction avec lui-même.

Mais, quant au titre de faculté et quant à l'équivalence des inscriptions, non-seulement

M. le ministre de l'instruction publique ne combattait pas ces deux dispositions, mais il se les appropriait par l'amendement qu'il a soumis alors à l'Assemblée nationale.

Il demandait que les élèves des facultés libres pussent se présenter devant les jurys de l'Etat, à la condition de justifier du nombre d'inscriptions règlementaires prises dans les facultés libres.

Par conséquent, sur ce point, je n'ai pas, je l'espère, à faire de grands efforts pour convaincre M. le ministre. Je me bornerai à lui demander, quant à la dénomination des établissements et à l'équivalence des inscriptions, de ne pas combattre l'opinion qu'il avait lui-même émise à cette époque peu éloignée.

En ce qui concerne l'équivalence des inscriptions, je suis d'autant plus surpris qu'il ait voulu, sur ce point, changer la législation existante, qu'il est de la dernière évidence que les inscriptions prises dans une faculté libre ne peuvent donner lieu à aucune espèce de fraude. La fraude est absolument impossible.

M. Wallon. C'est évident !

M. Buffet. Les inscriptions sont portées sur un registre parafé, vérifié, arrêté par les inspecteurs de l'Université. Par conséquent, il n'y aucune fraude possible. Mais si l'inconvénient est nul, les avantages de l'inscription sont immenses, car c'est par l'inscription prise dans l'établissement dont l'élève se propose de suivre les cours, c'est grâce à cette inscription que cette faculté, soit publique, soit libre, peut exercer sur l'étudiant et sur ses études un contrôle, une surveillance qui me paraissent extrêmement utiles, nécessaires même.

Au contraire, par le système que vous adoptez, — je ne veux pas insister beaucoup sur ce point, parce qu'il a été tellement développé dans le cours de la discussion que je dois me borner à le rappeler, — par ce système d'inscription, dis-je, que vous voulez établir, les élèves ne feront plus partie d'aucune faculté, ni libre, ni officielle; ils s'inscrivent au secrétariat de l'académie, ne suivent aucun cours, n'ont même pas besoin de répondre à cette question : A quelle faculté appartenez-vous?

Ce n'est pas une conséquence forcée que je tire; c'est le ministre lui-même qui le déclare, reconnaissant, ainsi que le rapporteur de la Chambre des députés, que l'étudiant a parfaitement le droit de n'assister à aucun cours, d'étudier chez lui avec un répétiteur ou avec un simple manuel. Et l'on appel'e cela la liberté de l'étudiant ajoutée à la liberté du professeur !

Mais alors, si vous comprenez ainsi la liberté, permettez-moi de vous dire que tout votre système d'inscriptions n'a absolument aucun sens. Quelles garanties, en effet, donnent vos inscriptions? Qu'il y aura un certain intervalle entre les différents examens? Mais je vous demande à quoi bon cet intervalle, s'il n'est pas rempli par des études, par des cours suivis. Que l'on ne puisse passer un second examen qu'un an après le premier? Cela ne prouve pas qu'on ait étudié pendant un an. On a pu précisément attendre le dernier mois pour recourir à ces préparations hâtives qui excitaient à un si haut point, et avec raison, vos inquiétudes.

Je crois, du reste, que l'opinion de l'immense majorité du Sénat est arrêtée sur cette question.

J'arrive maintenant au troisième point, à celui qui a été traité tout à l'heure le premier, je veux parler de la collation des grades. Mais l'heure me paraît un peu avancée. (Réclamations à gauche.)

Je suis tout disposé à me rendre au désir du Sénat, mais je dois entrer dans quelques développements sur ce troisième point.

Voix diverses. A demain ! à demain ! Parlez ! parlez !

M. le président. L'orateur demande le renvoi à demain.

Il n'y a pas d'opposition?... (Non ! non !)

Séance du 2 Mars 1880

MESSIEURS,

J'ai essayé hier, — je crains de n'y avoir pas complètement réussi, — mais j'ai essayé d'établir clairement que les dispositions des articles 1er, 3 et 4 du projet de loi qui vous est soumis, articles dont l'adoption de l'amendement de l'honorable M. Chesnelong impliquerait le rejet simultané, n'apportaient pas, comme on semblait le croire, de simples modifications à quelques dispositions secondaires de la loi de 1875, mais qu'ils détruisaient complètement, dans sa partie la plus importante, l'économie de cette loi : qu'ils enlevaient aux grands établissements libres tous les avantages que le législateur de 1875 leur avait attribués pour en encourager et en provoquer la création, réclamée par l'intérêt général de l'enseignement supérieur.

Je crois avoir prouvé que ces restrictions constitueraient, au préjudice des établissements existants, une monstrueuse iniquité, et que l'Etat, après avoir offert certains avantages à ceux qui s'imposeraient certains sacrifices, ne pouvait pas, légitimement, les sacrifices faits, les conditions remplies, retirer les avantages dont il avait lui-même fixé le prix. (Très-bien ! à droite.)

J'ai reconnu que, pour l'avenir, le pouvoir législatif avait incontestablement le droit de ne pas offrir ces mêmes avantages aux établissements à naître, mais qu'il aurait tort d'agir ainsi, car ces avantages n'imposent aucune charge à l'Etat et ils profitent à tout le monde.

Je vous ai dit, pour ce qui concerne la dénomination des établissements, que les titres de faculté, d'université, ne pouvaient créer aucune confusion, qu'ils étaient la condition même des obligations imposées, dans l'intérêt des études, aux établissements libres d'enseignement supérieur ; que l'équivalence des inscriptions ne pouvait donner lieu à aucune fraude; mais qu'en revanche le système d'inscriptions proposé par M. le ministre porte le coup le plus funeste non-seulement aux facultés libres, mais aux facultés de l'Etat elles-mêmes, car il enlève à ces facultés toute action disciplinaire sur leurs élèves et tout contrôle sur leurs études ; il enlève même aux facultés de l'Etat une grande partie de leurs élèves, non pas au profit des établissements libres, mais au profit des répétiteurs, des préparateurs, au profit des manuels et de la préparation hâtive et superficielle, et, par conséquent, au détriment de l'enseignement supérieur. (Nouvelle approbation à droite.)

J'arrive maintenant au troisième point, à la collation des grades, au jury mixte. Quant au jury mixte, je pose à M. le ministre cette question : Ce jury fonctionne depuis quatre ans, quels inconvénients a-t-il présentés ? Vous n'en avez pas indiqué un seul. Vous nous dites, il est vrai, — car je reconnais que votre réponse, hier a été quelque peu différente de ce que je vais lire, et je préciserai cette différence, — vous nous dites dans votre exposé de motifs : Il ne s'agit pas d'une question de pratique et d'expérience, mais d'une question de principe.

Permettez-moi de vous remettre sous les yeux les termes mêmes de cet exposé de motifs :

« L'institution du jury mixte est encore trop récente pour que ses inconvénients aient jusqu'à ce jour frappé l'opinion ; » — en effet, ils n'ont pu frapper l'opinion de personne, puisqu'ils n'existent pas ; — « mais, ajoutez-vous, nous ne sommes qu'au début, et les difficultés qui se sont produites sont assez sérieuses pour que les pouvoirs publics se tiennent pour avertis. »

Ni dans votre discours, ni dans la commission, vous n'avez dit un seul mot de ces difficultés ; mais vous ajoutez : « Du reste, notre conviction ne se déduit pas de difficultés nées ou à naître, mais c'est un principe », — un principe, entendez-le bien, messieurs, — « que la présente loi a pour objet d'affirmer, de revendiquer et de défendre. » Il ne s'agit donc plus ici, d'après l'exposé de motifs, d'une question de pratique, d'expérience ; il s'agit d'une question de principe. De quel principe ? Mais M. le ministre, ou plutôt l'honorable M. Jules Ferry, car il n'était pas alors à la tête du département de l'instruction publique, avait, ce me semble, dans la discussion de la loi de 1875, dit précisément le contraire.

Je lis dans son discours : « Il n'est pas possible que la question de la collation des grades reste, aux yeux d'une assemblée de législateurs, une question purement abstraite, une question de pure doctrine, de métaphysique politique ; c'est par-dessus tout une question d'expérience. »

Eh bien, c'est précisément ce que je dis aujourd'hui, c'est une question d'expérience. .

M. Jules Ferry, *ministre de l'instruction publique et des beaux-arts.* J'invoquais l'expérience des autres pays.

M. Buffet. C'est une question d'expérience ; telle était votre opinion, et vous la manifestiez alors, non-seulement par les paroles que je viens de citer, mais par l'ensemble même du discours, assurément remarquable, par lequel vous avez pris une part très-importante à la discussion de la loi de 1875. Dans ce discours, à l'appui de votre thèse, la nécessité du jury des facultés d'Etat, vous avez passé en revue les divers systèmes de jury, de collation des grades, qui étaient appliqués dans les différents Etats de l'Europe. Vous avez cherché à montrer en quoi ils étaient défectueux pratiquement, et votre conclusion, je le reconnais, a été que l'examen par les facultés d'Etat en France était positivement ce qu'il y avait de mieux.

Mais enfin, c'était à vos yeux une question pratique, et j'ajoute que vous avez reconnu qu'il n'y avait aucun principe engagé, car vous avez déclaré, dans la même discussion, que le jury mixte, c'était toujours l'Etat conférant des grades ; et cela est parfaitement évident. Voici vos paroles : « Je me permets de vous faire observer que même dans le système du jury mixte c'est toujours l'Etat qui confère les grades.»

Et en effet, avec le jury mixte, non-seulement c'est l'Etat qui confère les grades, mais le droit de l'Etat en pareille matière non-seulement n'est détruit par aucun système de jury mixte, mais il n'est pas entamé, il n'est pas même effleuré.

Qu'est-ce que c'est que le droit de l'Etat en

matière de collation des grades? Est-ce un principe? Non ! c'est tout le contraire : c'est une conséquence. De quoi donc dérive ce droit ? L'Etat a jugé à propos, et à mon avis il a eu parfaitement raison, d'imposer certaines conditions de capacité, constatées par des diplômes, à l'accès de certaines carrières, à l'exercice de certaines professions. Il est clair qu'il aurait été parfaitement inconséquent si, après avoir reconnu que telles et telles garanties étaient indispensables pour certaines fonctions et pour certaines professions, il avait livré au hasard l'appréciation de ces garanties; et il était bien obligé de dire comment on pourrait constater que ces garanties étaient réellement données.

Mais toutes les fois que l'Etat, c'est-à-dire le pouvoir souverain, le pouvoir législatif, a organisé un système d'examen quelconque, — quelconque, entendez-le bien ! — toutes les fois qu'il a reconnu ou qu'il a cru reconnaître qu'avec un jury d'examen composé de telle ou telle manière les garanties étaient assurées, il a exercé son droit et il l'a exercé pleinement. Il importe peu, à ce point de vue, que le jury soit composé exclusivement de professeurs de l'Etat ou qu'il ne comprenne aucun professeur de l'Etat, qu'il soit formé de personnes étrangères à l'instruction, ou qu'il soit composé mi-parti de personnes étrangères à l'instruction et mi-parti de professeurs de l'Etat et de professeurs de facultés libres. Ce n'est là qu'une question d'appréciation.

L'Etat, c'est-à-dire le législateur, a organisé le jury comme il l'a jugé à propos pour rendre sérieuses et effectives les garanties d'instruction qu'il exige. Quand il a fait cela, l'Etat a exercé son droit. Le législateur peut se tromper; il peut organiser un jury défectueux, réconnaître ensuite une erreur que l'expérience a démontrée et la rectifier en modifiant la composition de ce jury ; mais, dans tous les cas, il n'a pas abdiqué la moindre parcelle de son droit, il l'a exercé tout entier.

Du reste, vous l'avez reconnu dans le même discours que je citais tout à l'heure, car vous disiez : « Ceux d'entre vous qui acceptent — vous combattiez alors les partisans de ce qu'on appelle la liberté de la collation des grades — des restrictions quelconques à ce droit de la collation des grades, manquent de logique, car si l'Etat peut mettre des restrictions au droit, c'est lui qui en est le maître..... »

Rien de plus exact : la question se réduit donc à savoir si le système d'examen organisé par la loi de 1875 est bon ou mauvais.

Eh bien, quel inconvénient a-t-il présenté ? Car maintenant nous n'en sommes plus aux conjectures ; nous avons déjà une expérience, encore assez courte, il est vrai, et que vous voulez interrompre, avant qu'on ait pu parfaitement en apprécier les résultats, mais enfin jugeons d'après les résultats qu'elle a donnés jusqu'ici.

Est-ce que ce jury mixte dont la création est, à vos propres yeux, la constatation du droit de l'Etat, droit que je ne conteste pas plus que vous, et dont j'ai cherché à définir le caractère, le but, les conditions, est-ce que ce jury mixte a présenté des inconvénients ? A-t-il abaissé le niveau des études ? Mais les faits parlent d'une manière éclatante !

Comment le jury mixte aurait-il contribué à abaisser le niveau des études ? Est-ce qu'il a été plus facile que le jury exclusivement composé de professeurs de l'Etat ? La statistique prouve le contraire. Tout le monde

sait qu'en fait, les universités libres ont
envoyé leurs élèves les plus forts devant
les jurys mixtes, et les moins forts devant
le jury de la faculté d'Etat. Quels ont été les
résultats? C'est que le nombre des ajournés a
été proportionnellement plus considérable devant le jury mixte que devant le jury de l'Etat.
Par conséquent, le fait actuel, l'expérience de
ces dernières années prouve incontestablement que les jurys mixtes n'ont pas abaissé le
niveau des études, on pourrait même soutenir, d'après ces chiffres, qu'ils ont contribué
à le relever. (Très-bien! très-bien! à droite.)

Quand je constate que les jurys composés
exclusivement de professeurs de l'Etat ont été
relativement plus faciles que les jurys mixtes,
je n'éprouve aucune surprise. Car en soute-
nant, entendez-le bien, les jurys mixtes, je
n'entends en aucune façon contester la scrupu-
leuse impartialité des professeurs de l'Etat;
leur impartialité m'inspire une confiance au
moins égale à la vôtre.

J'étais même convaincu que des hommes
aussi honorables que savants, se trouvant pla-
cés dans cette situation un peu délicate d'avoir
à examiner des élèves sortant d'établissements
que l'on appelle des établissements rivaux,
préféreraient se montrer un peu faciles, que de
s'exposer même au soupçon de partialité.
(Très-bien! à droite.) La partialité présumée
n'est certes pas l'objection que je fais contre
le jury composé exclusivement de professeurs
de l'Etat. Mais il est incontestable que le jury
mixte n'a pu, en aucune mesure, contribuer à
abaisser ce niveau des études, qu'il n'a jamais
soulevé aucune difficulté, et que vous n'en avez
pas mentionné une seule, ni à la tribune, ni
dans la commission.

Maintenant j'arrive à la dernière raison que

vous avez indiquée hier, pour justifier la suppression du jury spécial.

Ah ! avez-vous dit, au milieu de toutes ces
doctrines contradictoires auxquelles la liberté
de l'enseignement peut donner essor, il faut
bien que l'Etat ait un moyen de maintenir une
certaine unité dans les études ; il faut bien
qu'il ait un moyen de ramener à l'alignement,
ceux qui s'en écartent. (Rires à droite.).

En vérité, messieurs, en entendant ces
mots : « Faire rentrer dans l'alignement ceux
qui s'en écartent », j'ai eu à faire un certain
effort pour me rappeler que la loi que nous
discutons en ce moment est intitulée : Loi sur
la liberté de l'enseignement supérieur. (Nouvelle hilarité et applaudissements sur les mêmes bancs.)

Est-ce que le trait distinctif, à vos yeux, de
la liberté de l'enseignement supérieur — et,
peut-être, d'autres libertés encore, — consiste
dans l'alignement ? (Rires à droite.) Mais alors,
permettez-moi de vous le dire, un régiment,
soumis à la discipline militaire, — surtout
avant l'introduction de ce qu'on appelle l'ordre dispersé (Sourires à droite), — offrait la
plus parfaite image de la liberté de l'alignement. (Bravos sur les mêmes bancs.) Mais
vous avez omis de nous expliquer ce que vous
entendiez par là.

J'ai relu ce matin les paroles que vous avez
prononcées hier, et j'avoue que cette lecture,
faite avec la plus grande attention, n'a pas du
tout dissipé mon doute.

De quelle unité entendez-vous parler ? Vou-
lez-vous parler de l'obligation pour les établissements libres de comprendre dans leur enseignement toutes les matières du programme
arrêté par le Gouvernement pour la collation
des grades ? Est-ce là seulement ce que vous

voulez dire? Mais, pour atteindre ce but, vous n'avez pas besoin d'un jury composé exclusivement de professeurs de l'Etat; le jury mixte, de quelque façon qu'il soit formé, maintiendra cette unité, et les universités libres n'auront garde de la détruire.

Le doyen d'une faculté libre de droit pourrait bien croire, par exemple, que l'étude du droit romain n'est plus aujourd'hui — ce n'est pas mon avis — indispensable à un jurisconsulte et être enclin à la supprimer.

Eh bien, vous n'avez pas besoin d'un jury de professeurs de l'Etat pour l'en empêcher. Le règlement porte — je ne demande pas de l'abroger — que le troisième examen portera spécialement sur le droit romain. Quelle que soit, sur ce point, l'opinion des professeurs ou du doyen de la faculté libre, il est clair qu'ils ne pourront pas supprimer le droit romain ; car ils mettraient ainsi leurs élèves dans l'impossibilité de passer avec succès leur examen soit devant le jury de l'Etat, soit devant un jury mixte.

Par conséquent, quand vous parlez d'unité, vous ne pouvez pas avoir en vue l'obligation pour les établissements libres de comprendre dans leur enseignement toutes les matières du programme. Ils ont incontestablement le droit d'y ajouter, d'enseigner les matières du programme d'après une autre méthode ou dans un ordre inverse, si vous voulez, mais ils seront obligés d'enseigner tout ce qui est nécessaire pour être reçu bachelier, licencié ou docteur, que l'examen doive être passé soit devant le jury des professeurs de l'Etat, soit devant un jury mixte.

Si ce n'est pas là ce que vous entendez, par l'unité des études qu'entendez-vous donc?

Vous avez fait allusion au commencement

de votre discours à des doctrines qui divisent
les esprits, que beaucoup — je n'ai pas aujour-
d'hui à examiner ni à apprécier des doctrines
— peuvent désapprouver; et alors, vous avez
dit : Il faut que les examens soient passés par
des professeurs ayant la confiance du Gouvernement, ayant des vues d'Etat, et, en quelque
sorte, un esprit d'Etat.

Je vous ferai remarquer qu'il serait bien
difficile à des professeurs qui occupent leurs
chaires quelquefois pendant quarante ans,
— j'en ai connu, — d'être toujours pénétrés
de l'esprit d'Etat, c'est-à-dire de l'esprit du
Gouvernement, du ministère existant et de ses
vues, car ils auraient été obligés de se péné-
trer successivement de beaucoup d'esprits différents. Ces transformations successives auraient jeté une telle confusion dans leurs idées
et dans leurs souvenirs qu'ils auraient fini
sans doute, au lieu d'avoir l'esprit d'Etat, par
ne plus avoir d'esprit du tout et par se trouver,
sans en avoir conscience, en dehors de l'alignement. (Rires et applaudissements à droite.)

Comment, en admettant que ce soit là votre
but, pouvez-vous l'atteindre par des examens,
quel que soit le professeur qui les fasse subir ?

Je me rappelle avoir entendu, à l'Assemblée
nationale, un de mes honorables collègues, le
très-regretté doyen de la faculté de Poitiers,
M. Lepetit, présenter précisément à l'appui
du système qui n'admet que des professeurs
de l'Etat dans les jurys d'examen cette considération.

Il parlait des doctrines soutenues par des
jurisconsultes d'une certaine école sur le mariage et sur la liberté de tester, et il disait : Si
un enseignement ayant des tendances aussi
funestes, aussi subversives, était donné dans
les facultés libres, il en percerait bien quel-

que chose dans les examens, et alors les professeurs refuseraient d'accorder les grades aux
élèves imbus de ces doctrines détestables. J'ai
été étonné, je l'avoue, de trouver ce langage
dans la bouche d'un homme que je respectais
beaucoup, qui était un professeur assurément
très-consciencieux et très-distingué. J'ai été
surpris d'entendre un professeur dire que des
candidats à un diplôme pourraient être re-
fusés, non pas à cause de l'insuffisance de
leur savoir, mais à cause de la tendance de
leurs doctrines. Mais vous avez, vous-même,
monsieur le ministre, pris le soin de réfuter
cette thèse.

M. Lepetit l'invoquait contre le jury mixte ;
mais d'autres en faisaient une objection contre
le jury composé exclusivement de professeurs
de l'Etat, et disaient que ce jury serait peut être
trop pénétré de certaines doctrines, — si vous
voulez, de doctrines d'Etat, de celles que vous
considérez aujourd'hui comme doctrines d'Etat,
mais que l'un de vos successeurs trouvera,
peut-être contraires aux doctrines d'Etat. (Hilarité à droite.)

Quoi qu'il en soit, quand on vous objectait
au nom des garanties nécessaires de la liberté la possibilité de rencontrer une certaine partialité chez un professeur dont les
doctrines sur ces matières seraient différentes
de celles qui auraient été enseignées à l'élève,
vous repoussiez cette objection et vous disiez :
Les examens de facultés ont-ils jamais atteint
l'élève dans sa conscience ? On l'interroge, —
ceci était une citation de l'honorable M. Laboulaye que vous vous appropriiez, — on interroge l'élève sur le contrat de mariage, mais
on ne lui demande pas son opinion sur le principe du mariage civil, et vous ajoutiez : Tout
cela est marqué au coin de la plus haute raison.

Comme vous le dit M. Laboulaye, le droit,
c'est la connaissance, c'est l'interprétation
d'un texte, l'interprétation de dispositions lé-
gales, ce n'est, en aucune façon, la discussion
des théories qui lui servent de fondement. Et
vous aviez raison, monsieur le ministre. Il
est certain que si un professeur, après avoir
interrogé sur le titre « du mariage » un can-
didat qui se présente devant lui, lui disait :
Monsieur, vous m'avez parfaitement exposé la
loi française ; je désirerais savoir quel est votre
avis sur les modifications, les réformes dont
cette loi est susceptible ; l'élève serait assurément autorisé à répondre au professeur que
cette question sort tout à fait du programme
de ses études, qu'il a étudié le droit actuel et
qu'il attendra que l'expérience et l'observation
des faits lui aient appris.de quels changements
cette législation serait susceptible, qu'il s'est
appliqué à devenir un jurisconsulte passable,
mais qu'à l'âge de dix-huit ou vingt ans, il
n'a nullement la prétention d'être un législateur.

Il en aurait été de même si, l'interrogeant,
par exemple, sur le chapitre relatif aux testa-
ments, on lui avait dit : Croyez-vous que la
liberté de tester accordée au père par le code
soit trop étendue ou trop restreinte ?

Il aurait également pu refuser de répondre.

**M. le ministre de l'instruction publi-
que.** C'est une question qu'on peut parfaitement poser à un élève. (Bruyantes exclamations à droite.)

M. Buffet. Vous croyez que c'est une question qu'on peut parfaitement poser à un élève ?
Je crois que c'est une question à laquelle...

M. le ministre. C'est l'histoire du droit,
tout simplement. (Nouveau bruit sur les mêmes
bancs.)

M. Buffet. Oui, mais l'histoire du droit

n'implique pas le jugement sur les réformes que comporterait la législation actuelle de la France. Je ne veux pas en ce moment-ci examiner les diverses questions sur lesquelles on peut interroger un élève et d'après lesquelles vous avez la prétention de juger un enseignement ; mais cependant je m'arrête un instant sur cette dernière question : la liberté de tester.

Est-ce donc un scandale, un homme se montre-t-il nécessairement l'ennemi de la société moderne parce qu'il veut étendre la liberté de tester ou même la rendre complète? Mais en vérité, messieurs, oubliez-vous que le code civil, tel qu'il est, accorde au père une liberté de tester fort étendue? Ainsi, avec une famille nombreuse, la quotité disponible comprenant au moins le quart de la fortune du père, l'un des enfants peut être rendu quatre fois plus riche que ses frères. Est-ce que cette disposition-là a un caractère sacramentel? Comment, il ne serait pas permis à un professeur, s'il avait à s'expliquer sur cette question, de dire que cette liberté de tester lui paraît trop étendue! Et si un professeur peut soutenir qu'elle est trop étendue, de quel droit empêcherez-vous un autre professeur de dire qu'elle est trop restreinte? Si on peut critiquer les dispositions du code dans un sens, on peut, sans lui manquer de respect, les critiquer dans un autre. (Approbation à droite.)

A l'école de droit dont j'ai suivi les cours, il y a, hélas! bien des années, j'ai entendu d'éminents professeurs critiquer avec une vivacité extrême certaines dispositions de la législation française, notamment du code d'instruction criminelle et du code pénal. Est-ce qu'en faisant la critique des lois existantes on manque, par cela seul, de respect à la loi? Est-ce qu'on s'attaque à la Constitution, à la société moderne, lorsqu'on cherche à améliorer par des moyens peut-être bons, peut-être mauvais, mais consciencieusement cherchés, les lois actuelles de la société moderne? (Applaudissements à droite.) Car enfin, quand on cherche à améliorer l'état de choses actuel on peut se tromper, mais on travaille, autant qu'on le peut, au bonheur et à la félicité de la société moderne (Nouvelle approbation sur les mêmes bancs), et je ne vois pas comment vous pourriez empêcher cela.

Non, s'il se produit dans des établissements libres des enseignements contraires à la morale ou à la Constitution, vous avez le droit — la loi de 1875 vous le donne — de poursuivre les professeurs et, dans certains cas, de faire prononcer par l'autorité compétente la clôture de l'établissement. Mais le jury exclusivement composé de professeurs de l'Etat, ne vous donne pour cela aucune facilité, car un interrogatoire non pas sur le savoir, mais sur les opinions de l'élève, serait un scandale, et s'il se produisait, je me croirais en droit, en raison de l'autorité que vous exercez, de venir vous en demander compte et de vous inviter à en empêcher la reproduction. (Applaudissements à droite.)

Par conséquent, le jury mixte ne porte aucune atteinte au principe; il n'a pas contribué le moins du monde à l'abaissement du niveau des études. La suppression ne servira à rien pour assurer l'unité de l'enseignement et la liberté de l'alignement.

J'ai entendu, certes, dans ces derniers jours, des définitions de la liberté fort étranges...

M. Tolain. C'est bien vrai !

M. Buffet... et qui m'ont prouvé que, sur ce point, mon éducation qui a été faite par des

maîtres qui vous semblent sans doute bien
surannés, était entièrement à recommencer ;
mais j'avoue que la définition que vous en
avez donnée hier m'a paru dépasser en nou-
veauté, et je ne crois rien dire de désobligeant
pour vous en ajoutant, en originalité, toutes
celles que j'avais entendues jusqu'à présent.
(Rires à droite.)

M. Tolain. Même celle de M. Lucien Brun ?

M. Buffet. Je me résume. La loi de 1875 a
atteint le but qu'elle se proposait, elle a
donné la liberté de l'enseignement, la liberté
des cours privés, avec une restriction, — qui
n'en est pas une au fond, — que vous voulez
supprimer et dont j'admets la suppression.

Cette loi a atteint son but en provoquant,
comme le désiraient ses auteurs, la création
de grands établissements réunissant toutes les
conditions nécessaires à l'instruction, aux hau-
tes études de la jeunesse. Vous devriez vous
féliciter des résultats qu'elle a produits, car ils
ont profité à un grand nombre et n'ont été
préjudiciables à personne.

Je vous le dis sincèrement : jamais je ne
m'exposerai volontairement, sciemment, à
méconnaître, à calomnier les intentions de qui
que ce soit et surtout d'un dépositaire du pouvoir, mais je déclare qu'après m'être demandé
quel est le motif qui pousse à la destruction de
ces grands établissements élevés au prix de si
immenses, de si généreux, de si admirables
sacrifices, je n'en ai trouvé qu'un seul : les
facultés, les universités libres, je le reconnais,
sont toutes des universités catholiques. (Très-
bien ! très-bien ! à droite.) C'est là leur crime !
(Nouvelle approbation et applaudissements sur
les mêmes bancs.) Et c'est ce qui a fait dire,
en recourant à un sophisme que la passion
seule peut expliquer : Mais qu'est-ce que c'est

que cette prétendue liberté? Ce n'est pas une liberté, c'est le partage d'un monopole. L'Etat a ses établissements et l'Eglise a les siens. Le partage du monopole entre l'Etat et l'Eglise, voilà la liberté que vous nous offrez.

Comment! messieurs, quand une liberté est offerte aux mêmes conditions à tout le monde, parce qu'il y aura une opinion ayant peut-être plus besoin qu'aucune autre de cette li-berté — je le reconnais, je ne veux pas, en ce moment, m'étendre là-dessus, ce sont des con-sidérations qui, comme vous l'avez dit vous-même, seront plus à leur place dans la dis-cussion d'un autre article — parce que les hommes qui partagent ces convictions se sont imposés plus rapidement, plus largement que d'autres les sacrifices nécessaires, qu'ils ont fondé des établissements, que d'autres n'ont pas été aussi vite qu'eux, vous dites que c'est un monopole? Quand vous accordez une li-berté à tout le monde, parce que je me sers de cette liberté volontairement, mon voisin qui demeure inactif me traitera de monopo-leur? (Très-bien! et rires à droite.)

Messieurs, jamais le sophisme n'a été poussé aussi loin! (Vifs applaudissements à droite.)

Je crois avoir rempli plus longuement que je ne me le proposais (Non! non! à droite) la tâche que je m'étais imposée. J'ajouterai cependant encore un mot. Je disais tout à l'heure que les universités, les facultés actuelles ont été surtout fondées par des ca-tholiques, mais notre éloquent rapporteur M. Jules Simon nous a dit un jour : « Il avait été question de fonder une autre université ; on m'avait même offert sa direction, j'ai refusé, parce que j'ai pu constater que les doctrines qu'on se proposait d'y enseigner n'étaient pas les miennes. »

M. Jules Simon, *rapporteur.* On ne m'avait pas offert la direction; on m'avait simplement demandé si je voulais en faire partie.

M. Buffet. Je comprends parfaitement l'offre qui a été faite à notre honorable et savant collègue. S'il avait accepté, son acceptation aurait été contre son gré, puisqu'il a noblement refusé, et par conséquent il ne s'offensera pas de l'expression dont je vais me servir, son acceptation aurait été contre son gré, pour la nouvelle université, une enseigne menteuse.

Les doctrines spiritualistes qu'il a toujours si énergiquement et si éloquemment professées auraient pu faire illusion à bien des parents. L'établissement ne s'est pas fondé, savez-vous pourquoi? Certainement on aurait trouvé des professeurs, on aurait même trouvé peut-être l'argent nécessaire; mais, avec sa véritable enseigne, non pas avec une enseigne menteuse, il est une chose assez indispensable qui lui aurait fait défaut : les élèves ! (Rires à droite.)

Voilà ce qui manquera toujours, je l'espère, à ces établissements positivistes, matérialistes !. Il y a dans le monde des gens, j'en ai connu, très-honorables d'ailleurs, qui professent ces opinions. Or, j'ai toujours constaté que s'ils les aimaient pour eux, ils ne les aimaient pas pour leurs enfants. Je ne veux pas citer de noms propres, ce serait très-inconvenant; mais même sans sortir de cette enceinte, peut-être pourrais-je trouver des personnes qui blâment, qui combattent les doctrines enseignées dans les établissements religieux, congréganistes, dans les établissements des jésuites; mais qui croient que, malgré tous les défauts qu'ils leur attribuent, ces doctrines ne sont pas, après tout, trop mauvaises pour former leurs en-

fants au respect, à l'obéissance, à la moralité.
Pour pallier cette inconséquence, on en rejette
souvent la responsabilité sur la mère de famille, on dit que c'est pour ne pas l'af-
fliger qu'on a agi ainsi ; c'est vrai dans certains cas; mais le plus souvent c'est très-
volontairement que des pères de famille libres-
penseurs envoient leurs enfants non pas
seulement dans les écoles catholiques, mais
dans des écoles congréganistes. Et voilà
pourquoi les universités positivistes et matérialistes ne se fondent pas; il leur manquerait,
je le répète, la chose la plus nécessaire à un
établissement d'enseignement : les élèves.
(Vive approbation à droite.)

Mais de ce que les parents ne voudraient pas
y envoyer leurs enfants, et qu'ils les envoient,
soit dans les facultés de l'Etat, soit dans les
facultés libres catholiques, il ne s'ensuit pas du
tout que ces facultés libres exercent ou partagent un monopole. Ces établissements ne se
forment sous le régime de la liberté que lorsqu'ils répondent à un besoin réel, général, et
c'est parce que le besoin de facultés matérialistes ne se fait nullement sentir, si ce n'est
peut-être aux futurs professeurs, mais non
aux parents des élèves, qu'il ne s'est créé jusqu'ici, à côté des facultés de l'Etat, que des
facultés et des universités chrétiennes et catholiques. (Très-bien ! très-bien ! sur les mêmes bancs.)

Je crois donc avoir démontré que ce qu'on
veut par la loi actuelle, c'est détruire ces
grands établissements; et quand je passe en
revue les conditions dans lesquelles ils ont été
créés, quand je me demande s'il y a dans un
seul des droits, dans un seul des avantages
que le législateur leur a accordés, un préjudice quelconque, une charge quelconque pour

le Trésor public et que je n'en trouve aucune, je suis amené, par le caractère des discussions que ce projet de loi a provoquées, par les aveux échappés à plusieurs de ses adhérents, par l'ensemble des faits et des actes dont nous sommes témoins, à conclure que c'est uniquement parce que ces établissements sont catholiques qu'on les poursuit et qu'on veut leur destruction. (Nouvelles marques d'approbation à droite.)

Ce point, je le répète, nous aurons l'occasion de l'examiner complètement à l'occasion d'un autre article de la loi ; mais, dès aujourd'hui, j'ai tenu à vous signaler cette pensée qui se manifeste déjà dans la première partie de la loi ; et, quand on a dit, à une de nos dernières séances, que l'article 7 dont je ne veux pas parler aujourd'hui était la loi tout entière, on avait complètement raison. Les autres dispositions du projet ne sont que les corollaires de cet article 7 ; ce sont des moyens différents d'atteindre le même but, la destruction, l'étouffement de l'enseignement catholique. (Vifs applaudissements.)

Séance du 4 Mars 1880

MESSIEURS,

Je me crois presque obligé de justifier, par ma qualité de membre de la commission et de membre de la majorité qui s'est formée dans la commission contre l'article 7, ma seconde intervention dans ce grand débat, notre honorable et éloquent rapporteur n'ayant pas encore demandé à prendre la parole sur ce point.

Lorsque j'ai étudié pour la première fois ce projet, j'ai dû me demander quelles étaient les intentions du Gouvernement et, en particulier, de M. le ministre de l'instruction publique, bien que les intentions, je le reconnais, ne soient pas, en général, l'objet sur lequel doivent porter les délibérations du Parlement. On discute des lois, on discute des actes, on ne discute pas des intentions.

Mais ce projet, et en particulier l'article que nous examinons, ayant été présenté par M. le ministre de l'instruction publique comme un palliatif peut-être insuffisant à un mal qu'il fallait guérir, et d'autres membres du Parlement, qui donnent à ce projet une complète adhésion, le présentant aussi, non comme une mesure complète et définitive, mais comme un premier acte de combat, acte qui serait sans doute suivi de plusieurs autres, j'étais forcément amené à me poser cette question : quel est donc ce mal auquel on apporte d'abord un palliatif, sauf à lui appliquer ensuite un remède plus efficace, contre qui enfin se livre ce combat dont le projet actuel, et en particulier l'article 7, n'est que le premier acte?

Messieurs, pour ne pas m'exposer à dénaturer et surtout à calomnier les intentions de M. le ministre de l'instruction publique — car il s'est plaint plusieurs fois que ses intentions avaient été outrageusement travesties, — je n'ai point demandé à ses adversaires quel pouvait être son dessein ; c'est lui-même, ou du moins ce sont ses discours que j'ai interrogés. Je crois qu'il était impossible d'employer un procédé plus correct.

Eh bien, ce procédé ne m'a pas complètement réussi, il ne m'a pas tiré complètement d'incertitude. En effet, tout à l'heure nous entendions dire : La loi de 1850 est condamnée. Je suis, quant à moi, convaincu du contraire, et ne crois pas le moins du monde que la loi de 1850 soit condamnée par le pays ; mais, enfin, il est certain que la loi actuelle y apporte une modification profonde, fondamentale, sinon dans le principe, au moins dans les effets.

J'ai donc cherché ce que pense M. le ministre de la loi de 1850, et sa pensée, je l'ai demandée aux discours prononcés par lui à la tribune sur la question même qui nous occupe. Or, j'ai entendu en 1876 — je ne dirai pas M. le ministre de l'instruction publique, il ne l'était pas encore, mais — M. Jules Ferry, faire l'historique de nos lois d'enseignement.

Il commençait par caractériser dans les termes les plus vifs l'état de choses antérieur à 1850. On ne trouverait rien, dans les revendications des adversaires du monopole universitaire, de plus énergique que ce que disait l'honorable M. Jules Ferry en 1876. Il voyait dans ce monopole, œuvre du premier Empire, un monstrueux despotisme sur les opinions et les consciences. Ce despotisme, qui l'a fait cesser? M. le ministre a omis alors, je crois, de parler de la loi de 1833, qui lui a porté une première et heureuse atteinte en donnant la liberté de l'enseignement primaire.

Mais il parle de la loi de 1850 et il dit:

« Voilà d'où vient le monopole, et ce n'est pas la vieille monarchie française, ce n'est pas la Révolution qui l'a créé. Qui a détruit ce monopole universitaire, qui l'a détruit en deux fois? C'est le gouvernement républicain. Le monopole existait dans l'enseignement secondaire.

« La Constitution de 1848 est faite. Cette constitution républicaine, votée par une grande majorité républicaine, honnête et libérale, a placé dans sa nouvelle déclaration des droits la liberté de l'enseignement.

« Et c'est l'Assemblée de 1850 qui l'a réalisée. » (Approbation ironique à droite.)

Il y a, il est vrai, une réserve à l'approbation que M. le ministre donne à la loi de 1850; elle se trouve dans le même discours, à la suite du passage dont je viens de donner lecture:

« Elle l'a fait, à mon avis, d'une manière insuffisante (Nouveaux rires à droite), et avec un reste de privilèges qu'il sera bon d'amender quelque jour. »

M. Jules Ferry, *ministre de l'instruction publique et des beaux-arts.* Elle a partagé le monopole!

M. Buffet. « Eh bien, c'est l'Assemblée de 1850 qui a aboli le monopole en ce qui concerne l'enseignement secondaire; c'est la République de 1875 qui vous a donné la liberté de l'enseignement supérieur et qui a aboli les derniers vestiges du monopole universitaire. » (Nouvelle approbation ironique sur les mêmes bancs.)

M. le ministre de l'instruction publique, je me hâte de le dire, fait encore, relativement à la loi de 1875, une réserve : c'est la réserve de la collation des grades.

J'ai déjà, dans une séance précédente, reconnu très-loyalement qu'à cet égard M. le ministre est conséquent avec lui-même. Mais enfin, voilà bien le point de vue où se place M. le ministre de l'instruction publique. Il y avait un monopole odieux; ce monopole est détruit en deux fois, et c'est la République, — ce qui est exact, — c'est le Gouvernement républicain qui a fait parcourir à la France, en quelque sorte en deux étapes, cette noble carrière. Il n'y a que deux réserves. La loi de 1850 n'a réalisé la liberté que d'une manière incomplète, en y laissant un reste de monopole qu'il faudra amender; et la loi de 1875, d'autre part, avait eu le tort d'établir le jury mixte. Voilà les deux réserves.

Il me semble que cette déclaration, qui est, en somme, très-récente, traçait, si je puis ainsi parler, le programme ministériel de l'honorable M. Jules Ferry. Eh bien, n'est-ce pas le moment de l'exécuter, de détruire ce qui reste encore de monopole dans la loi de 1850, et de donner satisfaction — comme la majorité du Sénat l'a fait hier, et je n'étais pas de son avis, — à la deuxième demande de M. le ministre de l'instruction publique? Seulement, il ne nous a pas expliqué en quoi consistaient ces traces de monopole qui restaient encore dans la loi de 1850. J'ai l'entière conviction que, le jour où il ferait comprendre à l'Assemblée qu'il y a là de fâcheuses restrictions à la liberté de l'enseignement, il ne trouverait peut-être pas sur ces bancs une très-grande résistance à étendre encore cette liberté. (Très-bien ! et rires approbatifs à droite).

Malheureusement, si de 1876 je passe à 1879, — c'est peut-être la faute de mon intelligence, — mais il me semble, en lisant les paroles de 1879, que le point de vue de l'honorable ministre de l'instruction publique a un peu changé.

En effet, nous lisons dans l'exposé de motifs de son projet de loi :

« La loi de 1875... », — vous vous rappelez l'historique que je viens de faire, d'après l'honorable ministre, des deux lois de 1875 et de 1850, — « la loi de 1875 a été le dernier terme de la campagne ouverte dans notre pays depuis bientôt trente ans contre les droits du pouvoir civil dans les choses de l'enseignement. » (Exclamations ironiques et rires à droite).....

M. le ministre. Mais oui, messieurs.

M. Buffet. « Il est temps de remonter résolûment une pente funeste. Pas plus qu'aucun des gouvernements qui l'ont précédé, le gouvernement républicain ne peut abdiquer son droit de haute direction sur l'éducation de la jeunesse. »

Par conséquent, cette noble carrière, dont je parlais tout à l'heure, que la France avait parcourue en deux étapes, sous la conduite du gouvernement républicain, cette noble carrière, dis-je, est devenue une pente funeste (Rires approbatifs à droite) sur laquelle on a glissé et qu'il est urgent de remonter avec résolution.

La loi de 1850 est encore appréciée dans un autre document, par l'honorable ministre de l'instruction publique. Il parle des inquiétudes mal fondées que le mouvement de 1848 avait causées à une grande partie de la bourgeoisie française, et il dit à ce propos que l'effarement de la bourgeoisie s'était communiqué un peu aux représentants, et qu'il avait gagné M. Thiers lui même. Voici d'ailleurs comment l'honorable M. Ferry caractérise la loi de 1850 :

« De cet effarement est sortie la loi de 1850 sur l'enseignement primaire et secondaire; et dès lors la porte fut ouverte aux congrégations religieuses. »

Si c'est de l'effarement qu'est sortie la loi de 1850, comment la représentez-vous comme ayant mis un terme à un monopole?...

M. le ministre de l'instruction publique. C'est de la Constitution de 1848 que j'ai parlé.

M. Buffet. « De cet effarement est sortie la loi de 1850. »

M. le ministre de l'instruction publique. Précédemment, c'est la Constitution de 1848 qui a détruit le monopole. Voilà ce que j'ai dit en 1876.

Je n'en ai jamais fait l'éloge.

M. Buffet. C'est donc une loi d'effarement, je le répète. M. Thiers a été effaré; on ne s'en apercevait pas beaucoup cependant, lorsque l'on avait le bonheur de l'entendre, et c'était, certes, un bonheur dans cette grande discussion. Je ne crois pas, en effet, qu'aucun homme ait pu, dans un débat de cette importance, montrer une élévation de pensée, une fermeté de jugement, une clairvoyance supérieure à la sienne.

Un sénateur au centre. C'est très-vrai.

M. Buffet. Mais, messieurs, M. Thiers n'a pas été seul effaré. Le projet de loi a été présenté au nom du Gouvernement par le ministère qui existait alors. Et puisque l'un de nos honorables collègues a parlé l'autre jour de souvenirs personnels, vous me permettrez d'en rappeler un aussi.

Le ministère Odilon Barrot avait été modifié au mois de juin; ce que l'on considérait alors comme l'élément le plus réactionnaire, auquel j'appartenais, en avait été écarté. (Sourires.)

MM. Drouin de Lhuys, Léon Faucher et moi, nous étions sortis du cabinet, où nous avions été remplacés par notre illustre collègue M. Dufaure, par M. de Tocqueville et par M. Lanjuinais. Voilà encore trois effarés... (Rires et applaudissements à droite.)

Jusqu'ici, messieurs — cela prouve peut-être, comme je le disais l'autre jour, que mon éducation est à refaire, — mais enfin, jusqu'ici, j'avais considéré ces trois hommes politiques comme les représentants les plus autorisés de la cause libérale. (Adhésion à droite et au centre.) C'est dans les écrits de M. de Tocqueville que j'avais étudié les questions de liberté, je le confesse.

Il y a aujourd'hui, sans doute, de plus grands docteurs, mais ils devraient avoir quelque respect pour les anciens et ne pas se croire en situation de faire la leçon, en fait de liberté, à des hommes qui s'appellent Dufaure, Tocqueville, Lanjuinais.... (Nouveaux applaudissements à droite.)

Je ne dis rien des autres ministres; c'est de ceux-là surtout que j'ai voulu citer les noms, parce qu'ils étaient venus, je le répète, accentuer dans un sens plus libéral la politique du ministère.

Quoi qu'il en soit, M. le ministre continue à affirmer qu'il ne veut porter aucune atteinte à la liberté de l'enseignement ; il a repoussé avec indignation l'accusation de restreindre la liberté religieuse. Je ne lui répéterai pas, comme je le lui disais avant-hier, qu'il devrait avoir quelques doutes sur le caractère même de son projet de loi, en voyant que tous les ennemis de la liberté d'enseignement, ceux qui s'en reconnaissent, qui s'en proclament les ennemis, sont tous partisans de ce projet ; mais je lui poserai aujourd'hui cette question : Vous ne voulez pas, dites-vous, porter atteinte à la liberté religieuse ; êtes-vous bien sûr de ne pas le faire ?

Ah ! je m'empresse de le reconnaître, vous ne portez aucune atteinte à la liberté de conscience, telle que l'a définie, il y a quelques jours, notre honorable collègue M. Ronjat. (Sourires à droite.) Votre projet n'oblige nullement un catholique ou toute autre personne à penser autrement qu'elle ne pense, ou à exprimer extérieurement ce qu'elle ne pense pas... (Nouvelle hilarité sur les mêmes bancs.) Non, dans ces limites-là, la liberté de conscience ne reçoit pas la moindre atteinte. Il est probable cependant que les catholiques ne trouvent pas cette liberté suffisante — et je suis de leur avis ; — de sorte que votre projet de loi a contre lui l'unanimité de l'épiscopat, l'unanimité du clergé, tant du clergé séculier que du clergé régulier, et enfin l'unanimité des catholiques... (Dénégations à gauche. — Oui ! oui ! à droite).... oui, l'unanimité des catholiques... (Nouvelles et vives marques d'adhésion à droite.)

A gauche. Qu'en pouvez-vous savoir ?

M. Buffet. S'il y a des catholiques qui lui soient favorables, montrez-les nous ! (Hilarité à droite.) Pour moi, je n'en connais pas.

Cette unanimité devrait, ce me semble, être à vos yeux une bien forte présomption que ce projet de loi porte atteinte à quelques-uns de leurs intérêts les plus légitimes et les plus importants, car on a fait beaucoup d'efforts pour la détruire. On a eu soin d'indiquer à ce qu'on appelle le clergé inférieur que ses intérêts n'étaient pas étroitement liés à ceux de l'épiscopat; on a insinué au clergé séculier que les corporations religieuses, les ordres religieux étaient quelquefois pour lui incommodes, envahissants; le clergé n'a rien entendu. Il a témoigné unanimement de son union avec ses chefs, de son union avec les nobles auxiliaires dont il apprécie les services nécessaires. (Très-bien! et applaudissements à droite.) Il y a donc, parmi les catholiques, une parfaite union.

Eh bien, soit, monsieur le ministre, vous n'êtes pas l'adversaire de la liberté religieuse, vous ne vouliez pas porter atteinte à la liberté d'enseignement. Voilà votre intention : examinons donc le projet en lui-même. Je ne veux traiter aujourd'hui absolument que l'article en discussion, l'article 7.

Votre projet maintient le principe de la liberté d'enseignement; seulement il supprime les effets pratiques de la loi de 1850. Or, je dirai avec l'honorable M. Ronjat : Ne nous payons pas de mots. Le principe ne nous suffit pas ; ce sont les effets, c'est l'application qui nous importent.

Pour montrer qu'en réalité l'article 7 du projet de loi détruit les conséquences pratiques de la liberté d'enseignement, permettez-moi de rappeler dans quelles conditions cette liberté a été réclamée.

Elle l'a été, je le reconnais, par tous les es-

prits libéraux, par tous ceux qui ne croient
pas que la liberté consiste à refuser aux autres
les droits qu'on veut exercer soi-même.

Tous les vrais libéraux ont été partisans de
la liberté d'enseignement, et vous-même aussi,
monsieur le ministre! Mais je reconnais également que cette liberté a été réclamée peut-
être avec plus d'énergie, plus de persévérance,
plus de ténacité, et si vous voulez, avec plus
d'ardeur par les catholiques que par les autres.

Pourquoi? Mais tout simplement parce qu'ils
en avaient plus besoin.

A l'époque où a commencé cette lutte, l'U-
niversité a été vivement, je n'hésite pas à le
dire, violemment, parfois très-injustement
attaquée.

Un sénateur à gauche. Calomniée!

M. Buffet. Je ne suis pas suspect, assurément, de nourrir contre l'Université d'injustes
préventions — je ne sais si ce fait personnel
s'accorde bien avec la dignité de la tribune, —
mais enfin je puis dire que tous mes enfants
ont suivi les cours et les classes de l'Université. Je ne la considère donc pas comme hostile aux principes religieux.

Je crois que l'Université est un corps admi-
rablement composé ; elle a des professeurs qui,
par leur science, leur honorabilité, sont certainement une des gloires de notre pays ; et je ne
pense pas que l'Université ait jamais été systé-
matiquement hostile à la religion. On a cité
des faits particuliers, dont un grand nombre
étaient malheureusement exacts ; mais on a
eu tort de tirer des conséquences générales de
ces faits particuliers. Quant à moi, je suis convaincu, par ma propre expérience, que l'Univ-
versité n'a nullement le dessein de détruire
les sentiments religieux des enfants qui lui
sont confiés.

Mais, comme l'a dit M. Waddington, il y a dans l'Université toutes les opinions ; il y a parmi ses professeurs des catholiques très-ardents et, heureusement en assez grand nombre, des protestants, des israélites, des libres-penseurs, des positivistes, des indifférents ; et il ne peut pas en être autrement. Cette diversité d'opinions n'apparaît pas dans la plupart des classes ; elle n'aurait pas même l'occasion de s'y manifester. Dans celles où l'on enseigne des matières touchant un peu aux questions religieuses, y touchant même quelquefois beaucoup, comme l'histoire, la philosophie, ces divergences ne se produisent jamais — au moins à ma connaissance — que d'une manière très-discrète, très-réservée. Les élèves dont l'esprit est vif s'en aperçoivent, mais, à tout prendre, — c'est une opinion purement personnelle, — pour les enfants qui ne vont demander à l'Université que des cours et des leçons, il n'y a pas dans les cours tels qu'ils sont faits, dans les leçons telles qu'elles sont données, de sérieux dangers pour leur foi.

Mais il n'en est pas de même pour les familles qui, obligées de se séparer de leurs enfants, doivent demander à l'Université, non plus seulement l'instruction, mais l'éducation. Quant à l'éducation, en effet, il faut, non pas cette variété, cette diversité dont je vous parlais tout à l'heure, il faut un principe fixe, il faut une base immuable ; et, aux yeux de tous les chrétiens, catholiques ou protestants, lorsque ce sont réellement des protestants, il n'y a pas d'autre base d'éducation, entendez-le bien, que le christianisme.

C'est lui qui doit former l'homme ; c'est lui qui doit créer, dans l'enfant et dans l'adolescent, l'homme nouveau.

M. Pelletan se récriait l'autre jour, lorsque, dans un document relatif aux jésuites, il était parlé de l'homme nouveau. Mais, messieurs, créer en nous l'homme nouveau, c'est un précepte qui s'adresse non-seulement à des religieux, à des prêtres, mais à tout le monde; et, sur ce point, je ne serai démenti par aucun chrétien.

Eh bien, pour cette œuvre de l'éducation, les familles obligées de se séparer de leurs enfants croyaient et devaient croire que, pour préserver leur foi, pour l'entretenir, pour la développer, pour la fortifier, des établissements où il n'y eût qu'une seule doctrine, et non pas toutes les doctrines, étaient indispensables.

Cette prétention était assurément fort légitime. (Approbation à droite.) De là vient que les catholiques ont réclamé avec une si vive ardeur, au nom des droits de la conscience, la liberté de l'enseignement. Dès lors, il était tout naturel que les établissements qui allaient naître de cette liberté fussent des établissements catholiques, et, étant des établissements catholiques, fussent des établissements ecclésiastiques, et j'ajoute : surtout des établissements congréganistes, — et cette prévision s'est parfaitement réalisée.

Pourquoi ces établissements ont-ils été surtout des établissements congréganistes? Mais par une raison très-simple, laquelle n'a rien à voir avec un esprit d'envahissement qui existerait dans le clergé régulier : cela tient tout simplement à la nature des choses. Il est clair que le clergé régulier a plus de facilités, plus de ressources, pour créer et pour maintenir les collèges, pour recruter des professeurs, que le clergé séculier, qui est sollicité par le service des paroisses. On ne forme pas en un jour un excellent profes-

seur. Il ne faut pas moins qu'un ordre, une
compagnie pour le mettre à l'abri des nécessi-
tés de la vie pendant tout le temps que dure
son éducation. C'est pour ce motif, et pas
pour d'autres, que les établissements qui sont
nés de la loi de 1850 ont été surtout des établissements catholiques; ayant été sollicités
particulièrement dans un intérêt religieux, ils
ont été particulièrement des établissements
ecclésiastiques, et spécialement des établissements congréganistes.

Aujourd'hui, que faites-vous par votre projet
de loi? Vous supprimez les maîtres, et par
conséquent vous supprimez les établissements.

Eh bien, pouvez-vous venir dire que détruire le plus considérable effet de la loi de
1850, ce n'est pas porter atteinte à la liberté
de l'enseignement et à la liberté de conscience?
Le pouvez-vous?

Que deviendront ces enfants, lorsque vous
aurez fermé ces établissements?

Où placerez-vous ces 20,000 enfants élevés
aujourd'hui dans les établissements congréganistes? Rassurez-vous, avez-vous répondu,
j'ai fait une enquête, une statistique, et il y
a, dans les seuls collèges de l'État, assez de
place pour les contenir. Vous ajoutez même
que vous avez aussi assez de professeurs : je
soutiens, au contraire, que vous en manquez,
car, d'après un état qui a été fourni, sur ma demande, à la commission, par votre ministère,
je vois qu'il y a un certain nombre de lycées
qui ne comptent pas un seul professeur titulaire, pas un seul agrégé, et qu'il y en a beaucoup qui en ont un très-petit nombre et, pour
presque toutes les classes, des chargés de cours?

Mais enfin, les professeurs, quels que soient
leurs grades, existent; vous répartissez donc

les 20,000 élèves, vous les divisez par le nombre des collèges et des classes, et vous constatez que chaque professeur, en admettant même que vous dussiez recueillir tous les élèves des écoles congréganistes, n'aura dans sa classe que six élèves de plus.

N'est ce pas là, messieurs, une application vraiment admirable de la statistique, et, en même temps, des moyennes ? (Sourires à droite.)

Si M. le ministre de la guerre venait nous demander un crédit pour la construction de magasins et nous disait : J'ai besoin de ces magasins sur tel ou tel point du territoire, pour assurer les approvisionnements de l'armée, la commission qui serait chargée d'examiner son projet pourrait demander des renseignements, faire une enquête, et lui répondre : « Monsieur le ministre, vos magasins ne sont pas nécessaires ; vous demandez à en établir un à Bordeaux, nous avons constaté qu'il y a encore de la place dans ceux de Toulouse, de Marseille ou de Grenoble. » De cette réponse, M. le ministre de la guerre ne serait sans doute pas très-satisfait, car il n'est pas indifférent que les approvisionnements soient rapprochés des corps de troupes. Cependant, à la rigueur, il pourrait s'en arranger, car il est possible, grâce aux chemins de fer, de faire passer rapidement des approvisionnements d'un point à un autre. Mais une telle méthode appliquée à l'éducation de la jeunesse est tout à fait étonnante. (Sourires à droite.)

Prenons un exemple : il y a, dans le quartier que j'habite, un admirable établissement tenu par les jésuites, c'est l'école de Saint-Ignace, fréquentée par de très-nombreux élèves. Ces élèves passeront-ils au lycée Fontanes, qui en est voisin ? — Mais le lycée Fontanes regorge! — Soit. Il y a peut-être quelques places au lycée Charlemagne ou au lycée Saint-Louis. S'il n'y en a pas dans les collèges de Paris, on enverra les enfants à Versailles ou partout ailleurs! Croyez-vous qu'on puisse jamais traiter des questions de ce genre par la statistique? (Applaudissements à droite), et croyez-vous que de tels procédés respectent et la liberté de l'enseignement et la liberté de conscience? (Très bien! sur les mêmes bancs.)

Non! Par conséquent, j'ai le droit de dire que, en supprimant des établissements qui donnent l'enseignement à 21,000 élèves et qui, dans certains cas, le donnent gratuit, car ils accordent des bourses à un grand nombre, votre projet portera le coup le plus grave et le plus révoltant, à mon avis, à la liberté d'enseignement, à la liberté de conscience, et à la liberté des pères de familles (Vive approbation à droite.)

Je suis ainsi obligé de répéter ce que je disais déjà à propos des premiers articles du projet, il est évident que cette loi est dirigée contre l'enseignement catholique.

Non, répondez-vous, non, ce n'est pas contre l'enseignement catholique, ce n'est pas contre la religion catholique, c'est contre le cléricalisme : le cléricalisme, voilà l'ennemi!

Eh bien, il vaudrait la peine de s'entendre enfin sur ce point, parce qu'il se présente, non seulement à propos de l'enseignement, mais à propos de la charité et de toutes les manifestations de la vie religieuse.

Qu'entendez-vous par un clérical? Comment le distinguez-vous d'un catholique? J'ai entendu plusieurs définitions.

Ah! il y en aurait une extrêmement simple que j'accepterais, celle-ci, par exemple : Un clérical, c'est celui qui veut faire gouverner théocratiquement la société civile...

Un sénateur au centre. Il y en a comme cela !

M. Buffet ... qui veut faire gouverner, administrer le pays par le clergé. Si c'est là la distinction, alors, permettez-moi de dire que, parmi les catholiques, elle ne divise, elle ne sépare personne.

Y a-t-il quelques esprits solitaires, singuliers, qui soient de cet avis, je l'ignore, mais je n'ai jamais rencontré un seul catholique demandant que le clergé gouverne l'État. Je n'en ai rencontré aucun. (Applaudissements à droite. — Rumeurs à gauche.)

Il y a eu, dans les discours prononcés dans une autre enceinte, des essais de définition ; et bien qu'elles fussent très-vagues, ceux mêmes qui les ont faites ont pris soin, en général, de les effacer dans le même discours. Ainsi, l'auteur d'une des définitions plus d'une fois citées commence ainsi son discours, relatif à la loi qui nous occupe et à l'article 7 : « Nous ne parlons pas le même langage, nous, les fils de la Révolution, et, d'autre part, les représentants, les champions et les défenseurs de l'Église catholique, puisqu'elle est seule en cause dans le débat. »

Vous voyez donc, messieurs, que l'Église catholique, aux yeux de ceux qui soutiennent avec le plus d'ardeur ce projet de loi, est seule en cause dans le débat.

Mais il y a un homme qui a présenté une définition parfaitement claire, parfaitement nette et parfaitement franche, — je suis heureux de le reconnaître : c'est l'honorable M. Challemel-Lacour.

Permettez-moi de mettre sa définition sous vos yeux.

Le 4 décembre 1874, il a dit :

« Où donc est, selon moi, le péril? Je dois vous le dire avec une sincérité égale à mes craintes. En accueillant dans des établissements spéciaux des esprits tout préparés, en les soumettant à une discipline spéciale, à un régime savamment combiné, en les protégeant contre toutes les influences sociales, contre la plus légère atteinte de ces doctrines qu'on qualifie de malsaines, on veut dans les Universités, dans ces futurs médecins, dans ces futurs avocats, dans ces futurs professeurs, préparer des auxiliaires de l'esprit catholique. »

M. Challemel-Lacour est franc. Il ne s'agit pas de l'esprit clérical, mais de l'esprit catholique.

« Nous l'espérons bien, dit on à droite. Mais, messieurs, ajoute l'honorable M. Challemel-Lacour, je ne m'en étonne pas, je ne m'en indigne pas, ce n'est pas un reproche, je constate un fait dont vous vous applaudiriez. Sortis de là, ils se répandront dans la société, et dans leurs carrières diverses ils mettront ou ils devront mettre au service de l'esprit catholique, dont ils auront été pénétrés, au service de l'Église, à laquelle ils devront tout ce qu'ils sont, ils mettront toutes les ressources, tous les moyens d'action que leur fourniront leurs professions mêmes.

« Ils ne se contenteront plus d'être des croyants, ils seront des zélateurs, ils seront des apôtres ! » (Très-bien ! à droite.)

. Voilà, messieurs, une définition ; je le reconnais, celle-là, elle est claire, elle est nette : le catholique zélé, c'est le clérical ; voilà la seule distinction.

Remarquez que si cette définition n'est pas confirmée par d'autres orateurs, si elle ne se retrouvé pas expressément dans celles qu'ils donnent à leur tour, elle est au fond de toutes les considérations qu'ils présentent.

Ainsi, un homme est né dans la religion catholique; il en remplit jusqu'à un certain point les devoirs : il ne se marie pas civilement; il assiste à la messe; à sa mort, il fait appeler un prêtre; il est enterré religieusement; c'est, selon vous, un catholique.

Vous l'appellerez même un catholique sincère, un catholique non fanatique. Celui-là ce n'est pas un clérical. Mais un catholique s'avise de croire que ce qu'il va chercher dans l'Église, quand il s'y rend, c'est la règle de sa vie, la force de supporter le poids, les labeurs de l'existence, la force nécessaire pour livrer sans défaillance le combat imposé à tout homme; et si, pénétré de ces sentiments, il se dit, qu'étant père de famille, il ne lui suffit pas de ne pas abjurer sa foi, qu'il doit veiller à transmettre à ses enfants ce dépôt sacré, ce bien plus précieux à ses yeux que tous les autres, qu'il doit, par conséquent, réclamer des écoles où cette foi ne court pas de périls, alors cet homme n'est plus seulement un catholique, c'est un zélateur, c'est un clérical! (Applaudissements répétés à droite.) Et s'il va plus loin, s'il se dit que le premier précepte de l'Évangile est la charité, et qu'il ne suffit pas, pour l'accomplir, d'abandonner aux malheureux une partie de son superflu, qu'il faut encore que le don du cœur se joigne au don de la main, qu'il faut porter aux pauvres, en même temps que le secours matériel, des consolations, des paroles d'espérance et même d'espérance immortelle; et si, enfin, pour remplir ce devoir, s'unissant à d'autres animés de la même foi, il forme une de ces admirables conférences de Saint-Vincent de-Paul, oh ! alors il est condamné, ce n'est plus un catholique, c'est un zélateur, c'est un clérical ! (Bravos et applaudissements sur les mêmes bancs.)

Et si ce même homme voyant à quelles attaques odieuses, à quelles injures,. à quels outrages par tous les moyens de publicité et d'action dont disposent les adversaires de la religion, celle-ci est en butte, s'il veut combattre pour la foi en se servant des mêmes armes, suivre ses adversaires sur le terrain qu'ils ont choisi, si on le voit, pour défendre cette cause sacrée si violemment et si odieusement attaquée, s'associer, former des comités, oh ! alors, plus que jamais c'est un zélateur, c'est un clérical ! (Nouveaux applaudissements sur les mêmes bancs.)

Si, allant plus loin encore, il fonde un journal pour soutenir cette cause ; si, voyant quelles doctrines, quelles maximes, quels récits, quels romans, quelles inepties (Très-bien ! à droite), quelles turpitudes sont distribués aux enfants qu'aucune loi de colportage ne protège plus aujourd'hui contre les porteurs allant leur offrir — et cela est arrivé même à la sortie des écoles, — les écrits les plus infâmes, s'il veut lutter contre cette propagande immonde, non pas par la force, non pas même par la compression, mais en offrant une nourriture moins empoisonnée à cette jeunesse, s'il publie, s'il crée un journal catholique, c'est un zélateur, c'est un clérical ! Enfin, s'il voit que le Gouvernement, par les résolutions qu'il prend, par les lois qu'il présente, par les mesures qu'il propose, compromet la liberté religieuse, qu'il porte atteinte à ses droits les plus chers, et s'il se dit : Mais moi aussi, je suis électeur, il faut sauvegarder ce grand intérêt de la liberté religieuse, qui domine les simples intérêts politiques, s'il s'en-

tend avec d'autres pour élire un député, un sénateur qui défendra ses droits ici, oh! alors,
vous vous écriez: non seulement c'est un zélateur, un c'érical, mais le cléricalisme est un
parti politique! Il faut absolument le proscrire!

Comment', un parti politique? Lorsque les
catholiques se sont unis pour une œuvre politique, c'est vous qui avez formé ce parti politique, ce ne sont pas eux (Exclamations et rires
à gauche); ils l'ont formé pour se défendre.
Partout où la liberté de conscience est absolument reconnue, partout où chacun peut
développer sa pensée, conserver sa foi, en pra-
tiquer tous les devoirs sans avoir à craindre
que cette liberté soit restreinte par la loi, il
n'y a pas de parti catholique. Là où le parti
catholique se constitue, ce sont ses adversaires qui le font, et ils le font en portant leurs
attaques sur un terrain qu'il ne leur était pas
permis d'envahir. (Très-bien! très-bien! et
applaudissements à droite.) Si vous appelez
clérical tout homme qui combat avec énergie
et par tous les moyens légaux pour sa conviction, permettez-moi de vous le dire, toutes
les causes ont leurs cléricaux...

M. Laserve. Assurément!

M. Buffet. ... je dirai même que toutes les
causes qui se respectent, que toutes les convictions qui sont sincères et profondes doivent
les avoir. Comment, vous avez une conviction
et vous ne chercherez pas à la faire partager,
vous ne chercherez pas à lui conquérir des
adhésions? Alors c'est qu'elle n'est pas réelle,
c'est qu'elle n'est pas sincère, c'est qu'elle
n'est pas profonde! Eh bien, si toutes les
causes ont leurs zélés, si elles ont des hommes
se dévouant à leur propagation et si vous
reconnaissez la légitimité de cette propagande,
sera-t-elle interdite aux catholiques seuls?

Eux seuls seront-ils déclarés ennemis lorsqu'ils
useront, pour se défendre, pour propager leurs
convictions, car ils ont le droit de prosélytis-
me, de moyens dont on se sert contre eux ?
Dans tous les cas, soyez-en certains, si on
veut leur faire cette situation, ils ne l'accepte-
ront pas. (Très-bien ! très-bien ! à droite.) Ils
revendiqueront leur droit !

Sans doute, tous les catholiques ne remplissent pas exactement, à beaucoup près, tous les
devoirs que je viens d'énumérer, avec le zèle
et l'ardeur que l'élite d'entre eux y apporte,
mais cette élite qu'ils ne suivent que de loin,
les représente (Nouvelle approbation sur les
mêmes bancs.), et quand vous y touchez, les
plus indifférents se sentent atteints ! De là est
sorti ce grand et sérieux mouvement du péti-
tionnement. (Applaudissements à droite.)

On me dit : Nous ne voulons pas détruire
la liberté religieuse, nous voulons simplement
proscrire les congrégations non reconnues !...

Une voix au centre. Non autorisées.

M. Buffet. Et même un des orateurs qui
ont pris la parole dans une séance précédente a
déclaré :

Ce n'est pas une question de liberté, mais
de légalité.

Eh bien, s'il y a une question de légalité,
surtout d'une légalité qu'on aurait laissée som-
meiller pendant trente ans, il faut, si on reconnaît qu'elle est contraire à une liberté légitime, présenter une loi nouvelle non pour
l'aggraver, mais pour l'abroger. Mais cette
prétendue légalité n'existe pas.

La question a été remarquablement traitée
dans une autre enceinte d'abord ; elle l'a été
au commencement de cette séance par l'honorable M. Bérenger. Je suis beaucoup moins
compétent que lui, et j'aurais, par conséquent,

quelque répugnance à revenir sur cette
question. Cependant, j'en dirai un mot. Je
crois que la question de légalité a été singulièrement simplifiée par l'honorable M. Bertauld. (Rires à droite.) M. Bertauld, en effet,
non-seulement a adhéré à la consultation de
M. de Vatimesnil, ainsi qu'il l'a rappelé, mais
il y adhère encore et, pour ma part, je lui dis
sincèrement que je n'avais pas du tout l'intention de me servir de sa consultation. J'en
avais parlé à l'honorable M. Bertauld dans
le sein de la commission, parce que je l'avais
trouvé, quelquefois, un peu dur pour ceux qui
combattaient l'article 7.

Je comprends parfaitement que sur une
question de droit un jurisconsulte peut changer d'avis. La cour de cassation même a ré-
formé, sur quelques points très importants, sa
jurisprudence, et il n'y aurait rien d'extraordi-
naire que le procureur général près la cour de
cassation réformât aussi la sienne. (Rires à
droite.) Mais j'ai été heureux d'entendre M.
Bertauld déclarer qu'il adhérait encore à cette
consultation.

Je n'en demande pas davantage, je suis
tout à fait satisfait ; voici les conclusions de la
consultation :

« En résumé, aucune de nos lois actuelles.... » — C'est la conclusion de l'adhésion ;
cette adhésion est un savant mémoire qui est
même, sur certains points, plus complet que
la consultation de M. de Vatimesnil.

« En résumé, aucune de nos lois actuelles
n'autorise à chasser des religieux de leur ha-
bitation commune.... » Voilà le premier point
parfaitement établi — « des poursuites admi-
nistratives tendant à leur expulsion seraient,
en tous cas, illicites, mais certainement de-
viendraient insuffisantes et ridicules, pour

peu qu'on leur opposât de l'obstination.

« C'en est assez! espérons qu'en France le droit de cohabitation religieuse sera respecté, comme il l'est par tous les peuples libres; c'est le vœu de la loi; la justice et l'honneur du pays, l'intérêt social bien compris, ne permettent pas de le méconnaître. » (Très-bien! — Rires et applaudissements à droite)

L'honorable M. Bertauld reconnaît donc aux congrégations religieuses le droit d'exister, non pas à l'état officiel, comme on le dit dans les documents dont il a donné ensuite lecture et qu'il serait difficile d'accorder avec sa consultation, celle-ci ayant précisément pour objet de combattre les conclusions qu'il semblait vouloir en tirer, mais enfin il reconnaît que les congrégations religieuses ont le droit d'exister, que la cohabitation religieuse les met à l'abri de l'application des articles 291 et 292 du code pénal. Je n'en demande pas davantage: elles ont le droit d'exister. Et maintenant je me retourne vers M. le ministre de l'instruction publique qui, lui, il est vrai, ne leur accorde pas le droit d'exister, mais leur reconnaît le droit d'enseigner. (Rires à droite)

M. le ministre de l'instruction publique. Comment cela?

M. Buffet. Comment? Vous n'avez pas reconnu aux congrégations, aux membres de congrégation le droit d'enseigner? Vous l'avez dit formellement dans votre discours...

M. le ministre. Aux congrégations autorisées!

M. Buffet. Pas le moins du monde; vous avez reconnu aux membres des congrégations le droit d'enseigner; vous avez déclaré qu'il y avait une fissure à l'ancienne législation; que cette fissure venait de la loi de 1850; que cette loi ayant conféré indistinctement le droit à tous les citoyens, et n'ayant pas exclu de ce droit les congrégations religieuses, même non reconnues, ces congrégations avaient, avec une persistance remarquable, cherché depuis trente ans à tirer le droit d'exister du droit d'enseigner.

Cette conséquence, messieurs, paraît assez légitime, car si l'on pouvait comprendre dans le système de l'honorable M. Bertauld une congrégation existant sans enseigner, il est assez difficile de comprendre les membres d'une congrégation enseignant sans exister ! (Rires et applaudissements à droite.)

J'ai cité de mémoire et je crois très-exactement, sinon les paroles, au moins la pensée exprimée devant la Chambre des députés par l'honorable M. Jules Ferry. Mais je retrouve sous la main les paroles d'un homme qui a beaucoup d'autorité dans la question, puisque, d'après les bruits qui se répandent, il pourrait être appelé à recueillir le portefeuille de l'instruction publique au cas où, par suite de vicissitudes parlementaires très-improbables, mais qui peuvent cependant se produire, il viendrait à tomber des mains du titulaire actuel. M. Paul Bert a dit :

« Je suis de ceux qui pensent que l'ordonnance de 1828 ayant été rendue sous l'empire du monopole et la loi de 1850 ayant donné la liberté d'enseigner à tous les citoyens, les membres des associations religieuses actuellement non reconnues ont le droit d'enseigner aux trois degrés. »

Par conséquent, M. Bertauld reconnaissait le droit des congrégations à l'existence, je ne dis pas à l'existence officielle, à l'état de corporation. Non. Elles n'ont pas ce droit; elles n'y prétendent pas. Mais enfin elles peuvent exister, rester dans leurs maisons, et leurs membres, les personnes qui habitent ces maisons ont, d'après M. le ministre de l'instruction publique et M. Paul Bert, le droit d'enseigner.

On n'a jamais demandé, dans la discussion, de reconnaître le droit d'enseigner à l'institut des jésuites. On ne l'a jamais demandé pour l'ordre de Saint-Dominique. On a dit que les prêtres qui font partie de ces ordres n'ont pas perdu le droit d'enseigner, qu'aucun texte de loi ne le leur avait enlevé, et que la loi de 1850 le leur a reconnu comme à tous les citoyens offrant les garanties de moralité et de capacité. Ils en ont usé depuis sans aucune espèce de contradiction.

Nous avons donc obtenu par là tout ce que nous demandions.

Tout à l'heure, et dans les séances précédentes, on a discuté sur la loi de 1850, et on a en quelque sorte voulu enlever aux partisans de la liberté d'enseignement l'autorité si puissante de M. Thiers !

On a dit que M. Thiers n'avait pas voulu résoudre la question.

Je ne veux pas abuser des citations, j'en ai fait déjà beaucoup, mais permettez-moi de vous rappeler d'abord que le rapporteur de la commission s'est exprimé sur ce point avec netteté, il a dit : On nous a demandé si les membres des congrégations religieuses non reconnues pourraient enseigner; oui, d'après la loi, ils pourront enseigner. La question a été posée à la tribune, elle a été posée non-seulement dans des discours, mais par deux amendements.

Le premier amendement, dont l'auteur était M. Bourzat, proposait d'exclure toutes les congrégations religieuses non reconnues; il a été rejeté.

L'autre amendement, celui de M. Laurent (de l'Ardèche), demandant, non pas l'exclusion de toutes les congrégations religieuses, mais de celles qui avaient été nominativement supprimées. Cet amendement aussi a été rejeté. M. Thiers, a-t-on dit, les a fait écarter par une fin de non-recevoir.

Il les a fait écarter par une fin de non-recevoir que l'on pourrait très-bien présenter encore aujourd'hui : Nous ne faisons pas une loi sur les associations quand nous faisons une loi d'enseignement. D'après notre loi, oui, a-t-il dit, quand un prêtre présentera les garanties de capacité, de moralité, on ne peut pas lui demander avec pudeur — avec pudeur, entendez-vous, — s'il appartient à telle ou telle congrégation. Quand on fera la loi sur les associations, eh bien, oui, quand vous ferez une loi sur les associations, vous pourrez y comprendre des dispositions relatives aux associations religieuses; mais il ne s'est pas borné à reconnaître ce droit incontestable : quand vous ferez cette loi, je serais curieux, a-t-il ajouté, en s'adressant à la gauche d'alors, de savoir comment vous, avec vos principes, vous vous y prendrez pour exclure les jésuites. (Applaudissements à droite.)

Et se tournant toujours vers la gauche, il a dit : « Vous voulez exclure les jésuites! » On lui a répondu de ce côté : « Non! non! »

« J'en étais sûr, a dit M. Thiers, je savais qu'il suffisait de mettre la main sur la vérité pour la faire jaillir. » (Approbation sur les mêmes bancs.)

Il ne serait donc pas sérieux de soutenir que M. Thiers ne fût pas, dans la loi de 1850, favorable à la liberté la plus complète et n'a pas admis de la manière la plus formelle le droit des membres des congrégations non reconnues—en

réservant bien entendu ce qu'il n'est pas nécessaire de réserver — le droit pour le législateur d'adopter des mesures nouvelles sur les
associations, soit pour restreindre, soit pour
étendre le droit ancien.

Je crois pouvoir me borner à ces quelques
mots, au point de vue de la discussion de
la légalité ; d'autres orateurs interviendront
avec plus d'autorité. Ce que je puis considérer
dès à présent comme acquis, comme incontestable d'après le code pénal, c'est que les
associations dépassant vingt personnes, mais
dont les membres habitent la même mai-
son, que ces personnes soient ou non liées par
le lien religieux, ont le droit d'exister, et la loi
de 1850 leur donne formellement le droit d'enseigner. Voilà le principe, qui me paraît incontestable. Je le répète, nous ne demandons
pas davantage. (Très-bien ! très-bien !)

Maintenant, je crains d'avoir abusé bien
longtemps (Non ! non ! Parlez ! parlez !) de la
patience du Sénat... Ah ! je ferai cependant
encore une réflexion sur la question légale.

L'honorable M. Bertauld, avec une grande
subtilité (murmures à gauche) — je n'emploie
pas ce mot subtilité dans un sens défavorable,
— avec une grande finesse de déduction, a
dit : Oui, j'admets parfaitement le droit pour
les congrégations de vivre, parce qu'elles ne
tombent pas sous l'application des articles 291
et 292 du code pénal, puisqu'elles se compo-
sent exclusivement de personnes qui vivent
sous le même toit ; mais c'est à une condition :
ces personnes vivant sous le même toit, sous
la protection de l'article 291, puisqu'elles ne le
violent pas, devront se contenter de prier, de
se livrer à des jeûnes et à des macérations.
(Rires à droite.)

Mais je voudrais bien savoir où l'honora-

ble M. Bertauld a vu dans le code pénal
que les personnes auxquelles le législateur reconnaît le droit de vivre en commun, en quelque nombre que ce soit, sont obligées de prier,
de se livrer au jeûne et à la macération. (Nouvelle hilarité sur les mêmes bancs.) Et s'il leur
convenait au contraire de se livrer à la bonne
chère au lieu de jeûner, est-ce qu'elles tombe-
raient sous le coup du code pénal? Le code
pénal ne dit nulle part que les personnes pla-
cées dans ces conditions ne pourront pas sortir
pendant le jour, il ne prescrit pas la claus-
tration absolue comme une condition de légitimité de ces sociétés. Ceux qui en font partie
peuvent sortir, et ils jouissent exactement chez
eux et hors de chez eux de tous les droits des
autres citoyens; ils peuvent prier, ils peuvent
enseigner, s'ils remplissent les conditions de
la loi d'enseignement. Je ne crois donc pas
que la distinction à laquelle l'honorable M. Bertauld a été contraint, afin qu'on ne tirât pas
un trop grand parti des concessions de sa consultation et de celle de M. de Vatimesnil,
puisse se maintenir.

La question de légalité que je n'ai fait qu'ef-
fleurer étant écartée, j'arrive à celle de l'enseignement.

Oui, nous voulons bien, dites-vous, la liberté
de l'enseignement, mais c'est à cette condition
que l'enseignement ne sera pas anti-patriotique, qu'il ne sera pas anti-national; — vous
avez le droit d'exiger cela, — qu'il n'aura pas
des tendances contraires à celles de la société
moderne, — cela devient un peu vague, — et
qu'il n'aura pas pour effet de détruire l'unité
nationale. Eh bien, messieurs, tous ces griefs,
il faudrait les établir.

Quant au patriotisme, je crois... (Légère interruption à gauche), on a rappelé déjà — je

no sais pourquoi ce glorieux souvenir pro-
voque presque toujours un mouvement qui
n'est pas absolument celui de l'approbation,
d'un certain côté du moins, on a rappelé la
conduite pendant la guerre... (Nouvelles inter-
ruptions à gauche. — Très bien! très-bien! à
droite. — C'est la vérité!), quand le pays a été
en danger, la conduite des élèves des congrégations et notamment des jésuites. Et, lorsqu'à une autre tribune, un orateur faisait
appel aux mêmes souvenirs, pour prouver que
cet enseignement n'était pas anti-patriotique, un membre a eu le triste courage de dire:
Cela prouve que les leçons qu'ils ont reçues
n'avaient pas encore eu le temps de porter
leurs fruits. (Oh! oh! à droite.)

Un sénateur à droite. C'est une calomnie!

M. Buffet. Si vous croyez que les leçons
n'ont pas encore porté tous leurs fruits chez
les élèves, elles doivent les avoir portés chez
les maîtres. Eh bien, la conduite des maîtres
a égalé celle des élèves. (Applaudissements
à droite.)

Je ne parle pas seulement de ces héroïques
brancardiers...(Nouvelles rumeurs à gauche.—
Applaudissements à droite), de ces frères de
la doctrine chrétienne, de leur intrépide dévouement qui sera toujours salué avec respect, avec reconnaissance, avec admiration et
qui l'a été par l'honorable M. Jules Ferry.

**M. le ministre de l'instruction publi-
que.** Oui, monsieur! Je n'ai pas à m'en défendre.

M. Buffet. Je crois que beaucoup d'entre
vous ont lu un des livres les plus touchants qui
aient été publiés depuis longtemps, — je désire
que tous l'aient lu, — ouvrage publié par le
brave général Ambert: *L'Héroïsme en soutane.*
Là vous pouvez avoir appris une faible par-

tie des actes de patriotisme accomplis par les
membres du clergé séculier et régulier, qui
ont conquis le respect et l'admiration de l'ennemi lui-même, qui a dit, dans plusieurs cir-
constances : « Si tous les Français s'étaient
conduits comme ces hommes-là, notre inva-
sion n'aurait pas réussi ! (Applaudissements
au centre. — Rumeurs à gauche.)

Non, messieurs, on ne peut pas dire sérieu-
sement, on ne peut pas soutenir que l'enseignement des congréganistes ait jamais été anti-patriotique. Je ne chercherai pas à établir que cet
enseignement n'est pas immoral. Je reconnais
que l'honorable M. Jules Ferry ne s'est jamais
placé sur ce terrain, et qu'il a écarté assez dé-
daigneusement les attaques de ce genre, les
extraits des ouvrages des casuistes, qu'il a eu
l'honneur de dire qu'il ne s'attardait pas dans
les sentiers de Port-Royal ; mais, comme M. de
Voisins-Lavernière l'a fait remarquer avec raison, il y a un témoignage qui a une autre valeur
que celui qu'on est allé chercher à plus de cent
ans de distance dans la poussière des greffes.
C'est le témoignage vivant, le témoignage actuel, le témoignage unanime de tant de pères et
de mères de famille qui remettent leurs enfants
avec une confiance absolue à ces éducateurs,
qui connaissent ce qui se passe chez eux,
quelles leçons de patriotisme, de franchise, de
courage, d'honnêteté leurs enfants reçoivent
de ces maîtres. (Applaudissements à droite.)

Oh ! on disait tout à l'heure que, s'ils ne
corrompaient pas la jeunesse moralement,
— l'honorable M. Jules Ferry l'a reconnu, —
ils pouvaient la corrompre politiquement. Je
ne sais pas, messieurs, ce que l'on entend par
corruption politique. Il y a parmi les laïques
comme dans le clergé des opinions politiques
diverses, et on le combat si peu pour ce mo-

tif que le même orateur que j'ai cité tout
à l'heure disait en parlant des jésuites :
Les jésuites ont lié leur cause autrefois à une
cause tombée, à une cause irrévocablement
perdue, mais cette alliance ne leur est pas nécessaire; ils s'en dégageront; le danger du
passé était l'alliance prétendue des jésuites avec
les idées et les gouvernements de l'ancien
régime; mais ils vont contracter une alliance
nouvelle, ils vont se faire républicains! C'est
là le danger actuel, le danger de l'avenir!
(Rires à droite.)

Il faudrait pourtant se mettre d'accord; si
l'un craint qu'ils ne restent monarchistes, et
que d'autres craignent qu'ils ne deviennent
républicains... (Rires à droite.)

**M. le ministre de l'instruction publi-
que.** Ils ne le feraient pas!

M. Buffet. ...il est assez difficile de s'entendre. La vérité est que les congrégations
religieuses sont assez désintéressées dans les
questions politiques; elles ont un but beaucoup plus haut, leur conduite le prouve, non-
seulement en France, mais au dehors.

Est-ce dans un intérêt politique que les jésuites, les dominicains, les franciscains et
d'autres ordres envoient ces saints et coura-
geux missionnaires sur tous les points du
globe, sur les plages les plus lointaines? Est-
ce un but politique qu'ils vont y chercher?

Non, messieurs; ce qu'ils vont y porter,
c'est la bonne nouvelle; ils vont y annoncer
l'Evangile, ils vont y chercher et y porter le
royaume de Dieu et sa justice; tout le reste
est donné par surcroît, non pas à eux, mais à
la France! (Vifs applaudissements à droite.)

Oui, messieurs, c'est à la France que le
reste est donné par surcroît; leurs travaux
apostoliques qui n'ont pas — je le reconnais —

un but politique, mais seulement un but religieux, tournent à l'honneur de la France!

Ces religieux la font respecter par leur dévouement et par cette charité qui les anime partout ; ils agrandissent ce patrimoine moral de la France. (Très-bien ! très-bien ! sur les mêmes bancs.)

Mais, lorsqu'ils sont au dehors, vous êtes bien obligés de les protéger et vous les protégez. Vos ambassadeurs les moins suspects de cléricalisme les protègent et sont amenés, quand ils sont sur place les témoins de l'importance même, au point de vue français, de ces congrégations, ils sont amenés, dis-je, à leur donner souvent avec une grande énergie leur protection.

Pourront-ils la leur continuer le jour où ils devront dire : Nous avons chassé ces religieux de chez nous, nous leur avons interdit d'enseigner nos enfants ; mais nous voulons qu'ils vous enseignent, que vous les receviez et que vous les respectiez. Que pensera-t-on encore une fois d'une pareille inconséquence ? (Vive approbation à droite.)

On vous a dit, — et tout à l'heure on le répétait à la tribune, — on vous a dit : « Soit, l'éducation du jésuite n'est pas immorale, elle n'est pas anti-patriotique, elle n'est même pas plus mauvaise qu'une autre au point de vue politique ; mais ces maîtres ont de mauvaises traditions pédagogiques, leur système d'éducation est mesquin ; leur enseignement de l'histoire est superficiel, leur philosophie n'est qu'un exercice de mots. Ils détruisent chez les enfants toute initiative, toute liberté de penser. Ils ont un vieux moule dans lequel ils jettent toutes les générations qu'on leur livre. »

Mon Dieu, messieurs, ce vieux moule existe

peut-être encore aujourd'hui, et il serait assurément effrayant de penser que les enfants qu'on confierait aux jésuites vinssent perdre la faculté de penser dans le même moule que Descartes, qui est un de leurs élèves, qu'on arrêtera tous les élans de leur âme, en les mettant dans le même moule que Corneille, Fénelon, le prince de Condé, Gassendi, de grands savants, de grands magistrats, les Séguier et les Lamoignon.

Oui, il est en effet vraiment effrayant de penser que notre jeunesse pourrait être jetée dans ce même moule. (Rires à droite.)

Il est très-vrai, nous l'avons bien vu, que certains génies de nos jours s'y trouveraient trop à l'étroit et que l'espace qui suffisait à ces grands hommes ne leur suffirait pas. Ils y étoufferaient. Mais enfin, messieurs, ayez quelques égards pour les pères de famille qui croient que ce moule suffit à leurs enfants, respectez surtout la liberté de leur foi, la dignité de leur caractère, l'indépendance même de leur autorité, et ne leur enlevez pas les maîtres auxquels ils donnent leurs préférences. (Applaudissements prolongés à droite.)

— L'orateur en descendant de la tribune reçoit les félicitations d'un très-grand nombre de ses collègues.)

Paris.—Imp. Wittersheim et Cⁱᵉ, 31, quai Voltaire.